Microsoft® EXCEL (version 7) pour Windows 95

Éditions ENI

ISBN : 2-84072-248-8

Editions ENI

BP 32125
44021 NANTES Cedex 1
Tél. 02.40.92.45.45
Fax 02.40.92.45.46

e-mail : editions@ediENI.com
http://www.editions-eni.com

Collection dirigée par Corinne HERVO

Préface

Cet ouvrage a été conçu pour vous aider à retrouver rapidement l'ensemble des fonctions offertes par le tableur **Excel pour Windows 95.**

Les manipulations sont détaillées et illustrées dans le but de faciliter leur application.

Vous trouverez dans les dernières pages de cet ouvrage un **index thématique** et, en **annexe**, la liste des raccourcis-clavier, la description des barres d'outils et la liste des fonctions intégrées.

Tout au long de ces pages, nous avons adopté les conventions typographiques suivantes :

Ce style de caractère est utilisé pour :	
gras	indiquer une option du menu ou d'une boîte de dialogue à activer.
italique	un commentaire ou une remarque.
Ctrl	symboliser les touches du clavier; lorsque deux touches sont placées l'une à côté de l'autre, vous devez appuyer simultanément sur les deux touches.

Le symbole introduit :	
▒	la manipulation à exécuter (activer une option, cliquer avec la souris...)
⇨	une remarque d'ordre général sur la commande en cours.
	des manipulations à effectuer avec la souris.
	des manipulations à effectuer avec le clavier.
	des manipulations à effectuer à l'aide des menus.

GÉNÉRALITÉS

DOCUMENTS

DONNÉES

CALCULS

PRÉSENTATION

IMPRESSION

7 GRAPHIQUES

8 BASE DE DONNÉES

9 MACROS

ANNEXES

INDEX

1.1 L'environnement

A-Lancer/quitter Excel pour Windows 95

- Cliquez sur le bouton **Démarrer**, faites glisser la souris sur l'option **Programmes** et cliquez sur l'option **Microsoft Excel**.
- Pour quitter,

Fichier Quitter	clic sur le bouton [X] de la fenêtre d'application	Alt F4

⇨ *Il est possible qu'un raccourci ait été créé dans le bureau de Windows ; un double clic sur l'icône Microsoft Excel permet alors de lancer l'application.*

B-L'écran de travail

La fenêtre de l'application

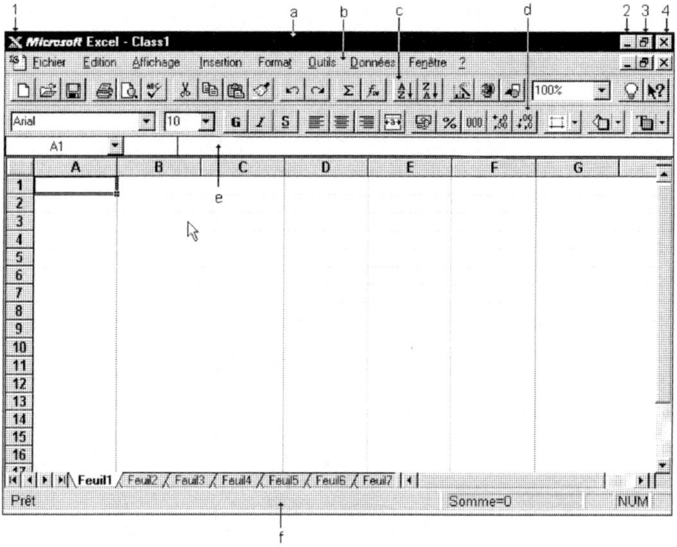

(a)	La barre de titre avec l'icône du menu **Système** (1), les boutons **Réduction** (2), **Restauration** (3) et **Fermeture** (4).
(b)	La barre des menus comprend le menu d'aide (?).
(c) (d)	Les barres d'outils Standard et Format.
(e)	La barre de formule.
(f)	La barre d'état.

La fenêtre du classeur

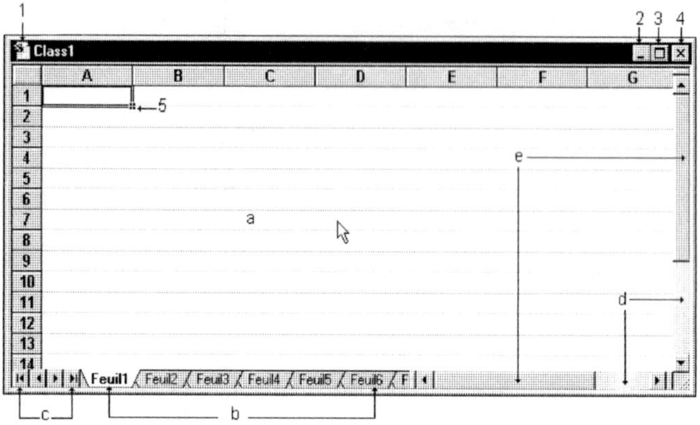

Dans la fenêtre du classeur vous retrouvez les éléments suivants : l'icône du menu **Système** (1), les boutons **Réduction** (2), **Agrandissement** (3) (ou **Restauration** lorsque la fenêtre est agrandie) et le bouton **Fermeture** (4).

(a) La zone de travail : la feuille de calcul est composée de **cellules** ; le carré noir qui apparaît en bas à droite de la cellule active s'appelle la **poignée de recopie** (5).

(b) Les onglets des feuilles de calcul du classeur.

(c) La barre de défilement des onglets.

(d) Les barres de défilement servent à se déplacer par rapport à la longueur et à la largeur de la feuille en cours; elles contiennent des **curseurs** (ou **ascenseurs**) **de défilement** (e).

C-Les boîtes de dialogue

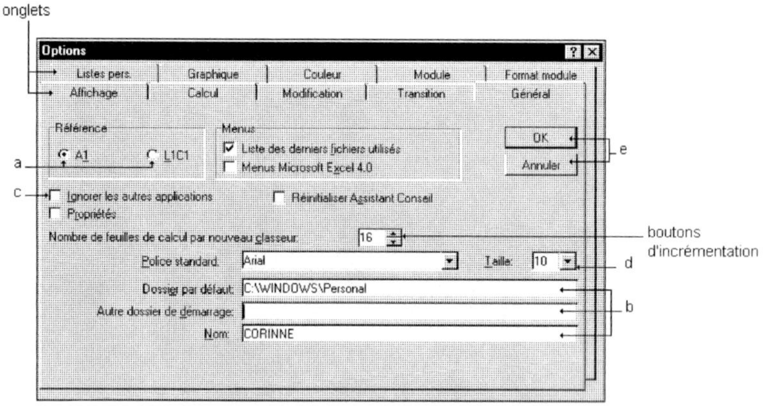

(a) les boutons d'option : l'option active est celle qui apparaît avec un point noir dans le rond qui la précède.

(b) les zones de saisie.

(c) les cases à cocher : un choix est actif lorsqu'une croix apparaît dans le carré qui le précède.

(d) les boîtes à liste s'ouvrent et se ferment par un simple clic sur la flèche vers le bas (ou [Alt][↓]).

(e) les boutons de commande : le bouton **OK** permet de quitter en validant ; le bouton **Annuler** permet de quitter sans valider ; (touche [Echap]).

- Pour activer un onglet, cliquez dessus.
- Au clavier, [⇄] et [⇧ Shift][⇄] permettent d'accéder aux différentes zones. Tapez [Alt] lettre soulignée pour accéder directement à une zone.

D-Les menus contextuels

Ce sont des menus restreints composés des options applicables à la sélection courante.

- Pour afficher le menu contextuel, sélectionnez l'élément puis cliquez avec le bouton droit de la souris.
- Pour retirer l'affichage d'un menu contextuel, tapez [Echap] .

E-Appeler l'Assistant Conseil

- Activez la barre par puis consultez les différents conseils proposés.
- Cliquez sur l'outil pour afficher la rubrique d'aide concernant le conseil du jour.
- Cliquez à nouveau sur pour cacher la barre d'outils.

F-Répéter la dernière action

- Au besoin sélectionnez ce qui sera concerné par la répétition.
- **Edition**
  Répéter [Ctrl] Y

G-Annuler la dernière action

- **Edition**
  Annuler [Ctrl] Z

⇨ *Après l'annulation d'une action, l'option du menu* ***Edition*** *se transforme en* ***Rétablir****.*

H-Utiliser l'Aide d'Excel

- Affichez la fenêtre d'Aide en choisissant une option du menu **?**.
- Choisissez l'option **Rubriques d'aide Excel**.

- Utilisez la page **Sommaire de l'aide** ou la page **Index** pour retrouver le thème souhaité.
- Faites un double clic sur la rubrique pour consulter l'aide associée.

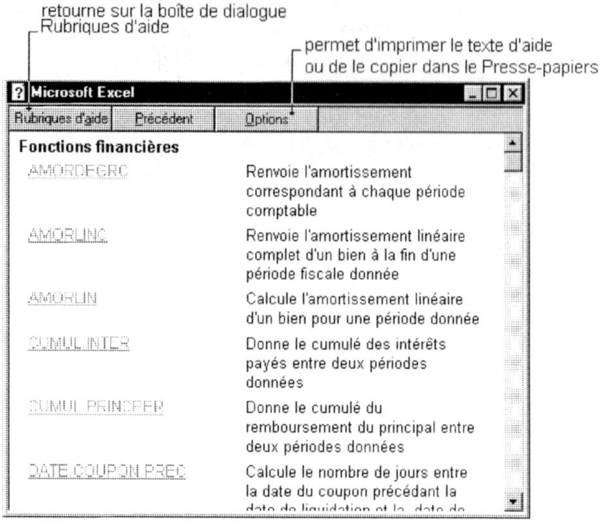

- Dans certaines boîtes de dialogue le bouton **Aide** peut être utilisé pour afficher des informations concernant les options de cette boîte de dialogue. Le bouton [?] permet d'afficher une aide contextuelle en cliquant sur l'option concernée.

- Dans la fenêtre Microsoft Excel, utilisez le bouton [?] pour obtenir un aide contextuelle sur un des éléments de la fenêtre.

1.2 L'affichage de la fenêtre

A-Figer/libérer des titres à l'écran

- Cliquez dans la colonne qui suit les libellés de lignes à figer et/ou cliquez dans la ligne qui suit les libellés de colonnes à figer.
- **Fenêtre - Figer les volets**

⇨ *Pour libérer ces titres ainsi figés, faites **Fenêtre - Libérer les volets**.*

B-Zoomer la zone de travail

Affichage - Zoom

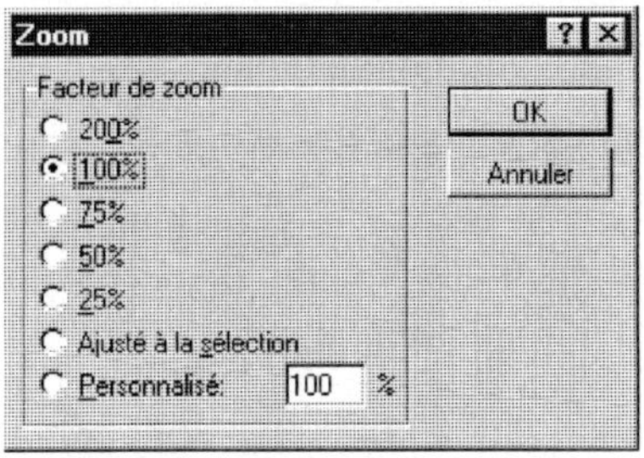

⇨ *Le facteur de zoom peut être choisi aussi dans la barre d'outils Standard.*

C- Masquer/afficher les valeurs zéro

Outils - Options
Onglet **Affichage**

Dans le cadre **Fenêtre** activez (ou désactivez) **Valeurs zéro**.

⇨ *Pour masquer les valeurs zéro de certaines cellules, appliquez-leur un format personnalisé (code 0;0;).*

D-Afficher des résultats de calcul

Sélectionnez les cellules concernées par le calcul.

Cliquez avec le bouton droit de la souris sur l'indicateur **Somme** de la barre d'état :

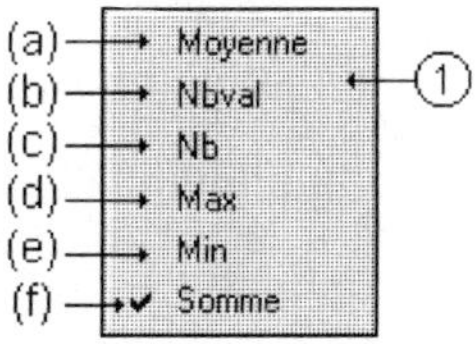

① Cliquez sur la fonction correspondant au calcul à visualiser :

(a) pour afficher la moyenne de l'ensemble de cellules.

(b) pour afficher le nombre de valeurs alphanumériques ou numériques contenues dans la sélection.

(c) pour afficher le nombre de valeurs numériques contenues dans la sélection.

(d) pour afficher la valeur maximale de l'ensemble de cellules.

(e) pour afficher la valeur minimale de l'ensemble de cellules.

(f) pour afficher la somme de l'ensemble de cellules.

E- Afficher les formules à la place des résultats

- **Outils - Options**
  Onglet **Affichage**
- Activez le choix **Formules** du cadre **Fenêtre**.

F- Afficher/masquer un document ouvert

- Pour afficher un document masqué : **Fenêtre - Afficher...** puis double clic sur le document à afficher.
- Utilisez **Fenêtre - Masquer** pour masquer le classeur actif.

G- Fixer/libérer une barre d'outils flottante

- Un double clic sur la barre de titre d'une barre flottante la fixe.
- Un double clic sur un des espaces vides, "libère" la barre d'outils et la rend flottante.

H- Afficher/masquer une barre d'outils spécifique

- **Affichage - Barre d'outils**

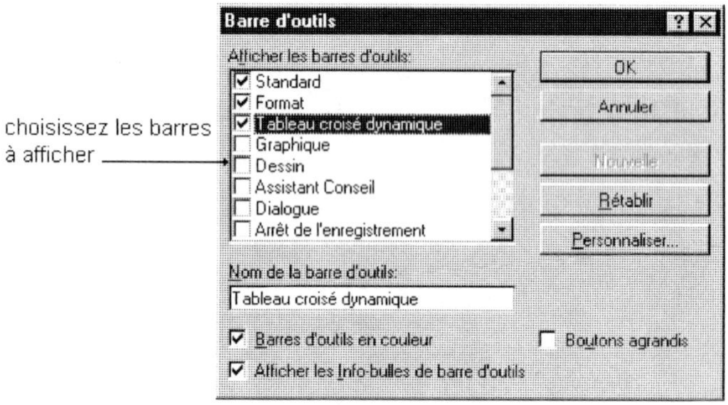

- Choisissez les barres à afficher.

⇨ *Le bouton*  *affiche ou cache la barre des outils de dessin.*

I- Créer une barre d'outils personnelle

- **Affichage - Barre d'outils...**

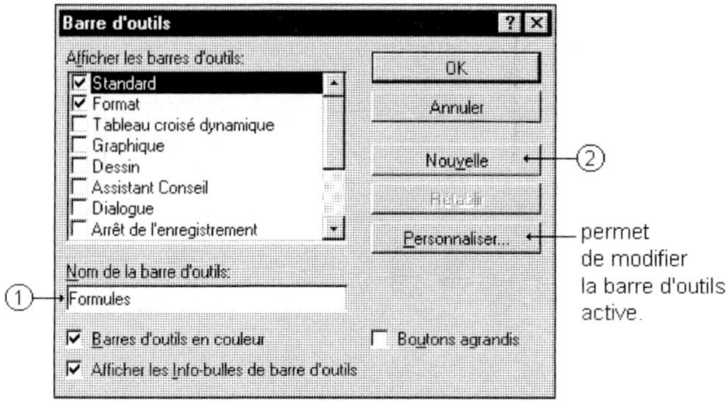

① Entrez le nom de la nouvelle barre.

② Créez la nouvelle barre.

- Sélectionnez la catégorie puis faites glisser chaque bouton correspondant à chaque outil de la boîte de dialogue vers la barre.
- Lorsque tous les boutons ont été intégrés dans la barre, cliquez ensuite sur **Fermer**.

J- Gérer les outils dans une barre affichée

Supprimer un outil

- **Affichage - Barre d'outils**
- Faites glisser l'outil à supprimer en dehors de la barre puis fermez la boîte de dialogue.

Ajouter un outil

- **Affichage - Barre d'outils**
- Cliquez dans le bouton **Personnaliser**.
- Sélectionnez la **Catégorie** puis faites glisser l'outil à ajouter vers la barre concernée.
- Terminez par le bouton **Fermer**.

1.3 Déplacements/sélections dans une feuille

A-Se déplacer dans une feuille de calcul

Utilisez les barres de défilement :

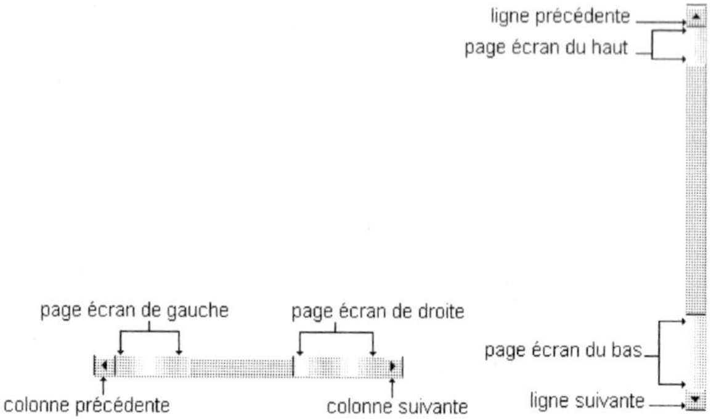

⇨ *Lorsque vous faites glisser le curseur de défilement, Excel affiche dans une info-bulle le numéro de la ligne ou la lettre de la colonne.*

Utilisez le clavier de la manière suivante :

cellule de droite/de gauche	[→] ou [⇄]/[←] ou [⇧ Shift][⇄]
cellule du haut/du bas	[↑] ou [⇧ Shift][Entrée]/[↓] ou [Entrée]
page écran de droite/de gauche	[Alt][Pg Dn]/[Alt][Pg Up]
page écran du haut/du bas	[Pg Up]/[Pg Dn]
colonne A de la ligne active	[↖]
cellule A1	[Ctrl][↖]

⇨ *Pour atteindre une cellule précise, tapez la référence de la cellule à atteindre dans la barre de formule, à la place de l'adresse de la cellule active puis validez.*

B-Rechercher une cellule d'après son contenu

Si la recherche doit porter sur toute la feuille, activez la cellule A1 ; sinon sélectionnez les cellules concernées.

Edition - Rechercher... ou [Ctrl]F

Entrez ce qui doit être recherché, déterminez comment effectuer la recherche puis validez.

C-Passer d'une feuille à une autre

- Grâce aux boutons de défilement d'onglets, faites apparaître le nom de la feuille à atteindre puis cliquez ensuite sur l'onglet de la feuille à atteindre.

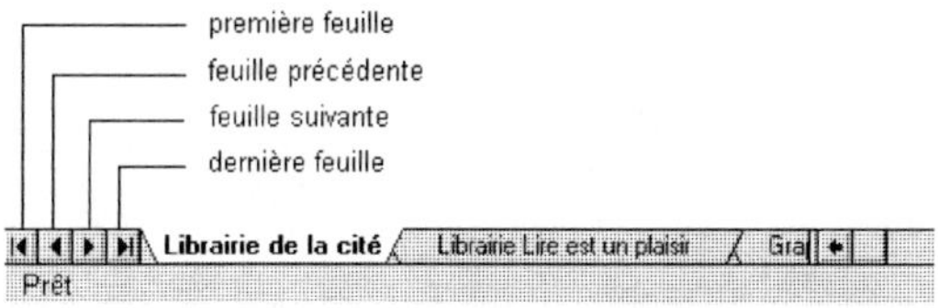

⇨ *Pour vous déplacer de plusieurs onglets à la fois, maintenez la touche* [Shift] *enfoncée lorsque vous cliquez sur* [◄] *ou sur* [►]

⇨ *Au clavier utilisez* [Ctrl][Pg Dn] *pour atteindre la feuille suivante ou* [Ctrl][Pg Up] *pour la feuille précédente.*

⇨ *Vous pouvez faire glisser les onglets afin de déplacer une feuille.*

D-Sélectionner des cellules adjacentes

- Utilisez l'une des trois techniques suivantes :

Le **cliqué-glissé**	Cliquez dans la première cellule à sélectionner et, sans relâcher le bouton de la souris, faites glisser celle-ci pour étendre la sélection.
Le [Shift] **cliqué**	Cliquez dans la première cellule à sélectionner, pointez la dernière, appuyez sur la touche [Shift] et, sans la relâcher, cliquez.
au clavier	Appuyez sur la touche [Shift] et, tout en la maintenant enfoncée, utilisez les touches de déplacement en fonction de la sélection à réaliser.

E-Sélectionner des cellules non adjacentes

- Sélectionnez le premier bloc de cellules.
- Pointez la première cellule du bloc suivant ; appuyez sur la touche [Ctrl] et cliquez.
- Relâchez [Ctrl] et poursuivez la sélection du deuxième bloc.

⇨ *Dans une formule ou sur une boîte de dialogue, la sélection de cellules non-adjacentes est symbolisée par le point-virgule (;).*

F-Sélectionner des lignes/des colonnes

Procédez selon les techniques suivantes :

	Ligne	Colonne
Souris	Cliquez sur le numéro de la ligne	Cliquez sur la lettre de la colonne
Clavier	Activez une cellule de la ligne et tapez [⇧ Shift] [ESPACE]	Activez une cellule de la colonne et tapez [Ctrl] [ESPACE]

⇨ *Plusieurs lignes (ou colonnes) peuvent être sélectionnées par la technique du "cliqué-glissé", du "[⇧ Shift] cliqué"...*

⇨ *Pour sélectionner toute la feuille de calcul, cliquez sur la case rectangulaire située à gauche du nom de la première colonne visualisée et au-dessus du numéro de la première ligne visualisée ou tapez* [Ctrl] [⇧ Shift] [ESPACE] .

G-Sélectionner des cellules d'après leur contenu

Edition - Atteindre (ou [F5] ou [Ctrl] **T**)

Cliquez dans le bouton **Cellules**.

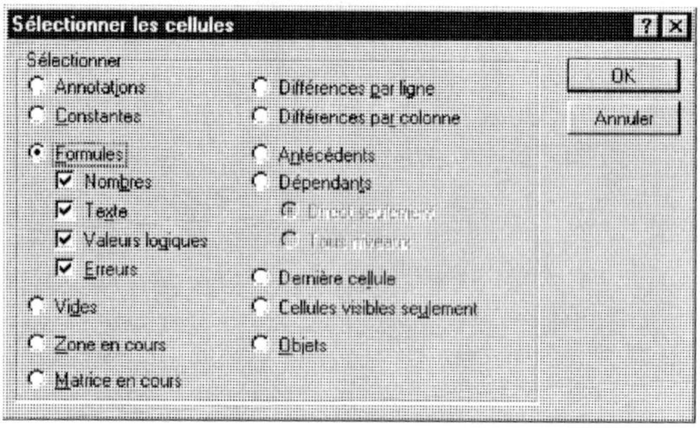

Indiquez la nature des cellules à sélectionner.

H-Repérer les cellules utilisées par des formules

Activez la cellule qui contient la formule.

Outils - Audit - Repérer les antécédents

	Trim 1	Trim 2	Trim 3	Trim 4	Année
OUEST	1 250 000	1 210 000	1 310 000	1 264 000	974 000
SUD	1 000 000	990 000	1 100 000	986 000	4 076 000
NORD	1 600 000	1 420 000	1 545 000	1 375 000	5 840 000
CENTRE	1 210 000	1 208 000	1 320 000	1 199 000	4 937 000
EST	1 125 000	1 120 000	1 255 000	1 072 000	4 572 000
FRANCE (92)	6 085 000	5 948 000	6 530 000	5 836 000	24 399 000
MOYENNE (92)	1 217 000	1 189 600	1 306 000	1 167 200	4 879 800

Les cellules d'antécédents apparaissent encadrées et une flèche les relie à la formule de calcul.

⇨ *Pour supprimer les flèches, faites* ***Outils - Audit - Supprimer toutes les flèches****.*

2.1 La gestion des documents

A-Ouvrir un document

- **Fichier**
  Ouvrir

Ctrl O

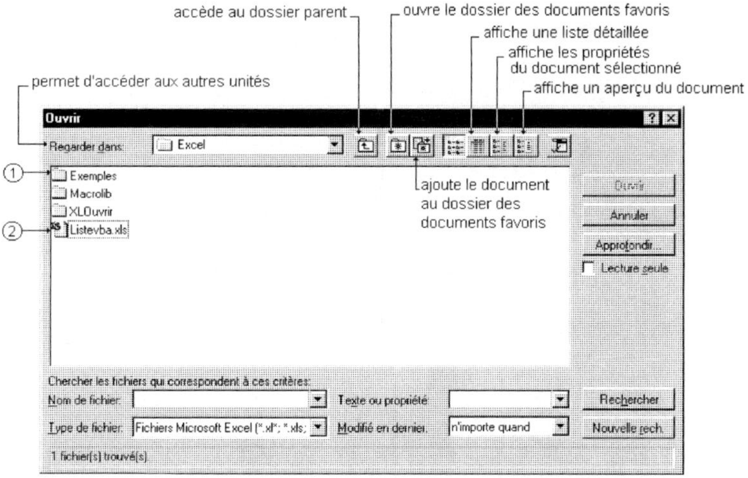

① Ouvrez le dossier où se trouve le document par un double clic sur son nom.
② Double clic sur le nom du document.

⇨ *Utilisez les touches* Ctrl *ou* ⇧Shift *pour sélectionner plusieurs documents afin de les ouvrir simultanément.*

⇨ *Les quatre derniers documents exploités sont accessibles par l'intermédiaire du menu* ***Fichier****.*

⇨ *Si vous travaillez en réseau, cliquez sur* ***Voisinage réseau*** *dans la liste* ***Regarder dans*** *pour afficher la liste des postes de travail du réseau.*

B-Activer un classeur ouvert mais masqué

- **Fenêtre**

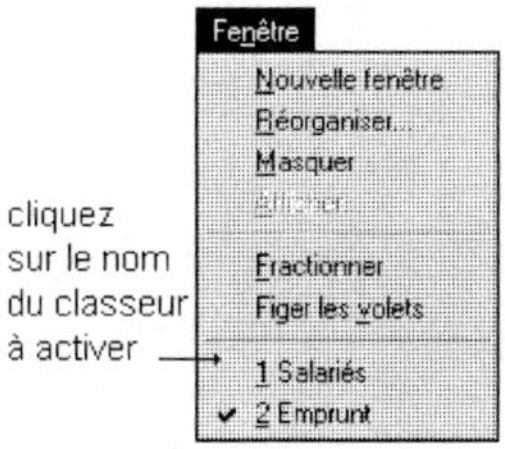

C-Enregistrer un document

Un nouveau document

Fichier - Enregistrer

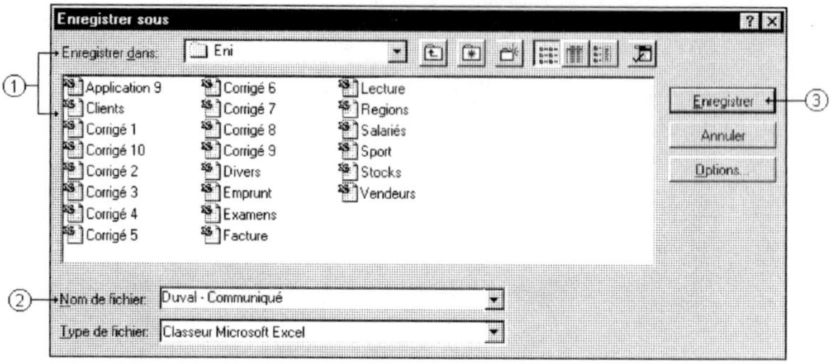

① Sélectionnez l'unité et le dossier de classement du document.

② Tapez le nom du document (255 caractères (espaces compris).

③ Enregistrez le document.

Un document existant

Fichier
Enregistrer

Ctrl S

⇨ *Pour mettre à jour un résumé, utilisez* ***Fichier - Propriétés*** *et remplissez les différentes zones de la page* ***Résumé****.*

D-Choisir le dossier de travail par défaut

Outils - Options
Onglet **Général**

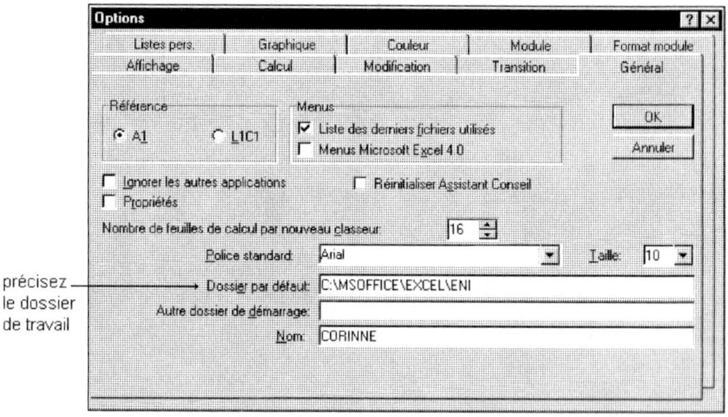

E-Activer l'enregistrement automatique des documents

Outils - Enregistrement automatique...

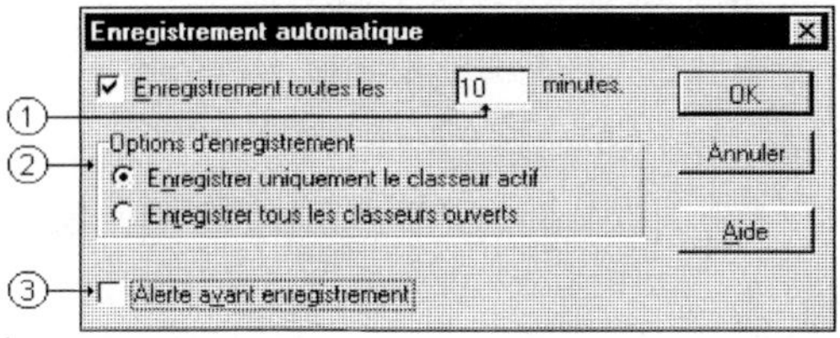

① Indiquez l'intervalle entre deux enregistrements automatiques.

② Indiquez quels sont les classeurs concernés.

③ Excel doit-il vous prévenir avant d'enregistrer ?

F- Fermer un document

Fichier
Fermer

Clic sur le bouton [X] de la fenêtre de document

[Ctrl] [F4]

⇨ *Pour fermer tous les fichiers, ouvrez le menu* ***Fichier*** *tout en maintenant la touche* [⇧ Shift] *enfoncée et choisissez* ***Fermer tout.***

G-Créer un nouveau document

Fichier
Nouveau
OK

[Ctrl] **N**

H- Protéger un document

Fichier - Enregistrer sous...

Cliquez sur **Options...**

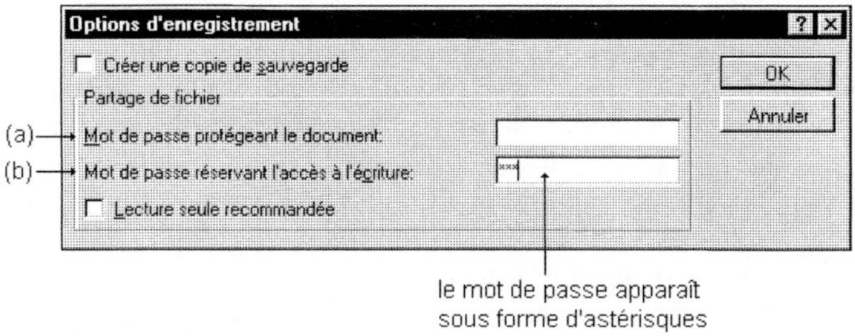

Précisez le mot de passe demandé à l'ouverture du document (a) ou celui réclamé lors de son enregistrement (b).

Tapez une nouvelle fois le mot de passe pour confirmer et validez.

⇨ *Excel différencie les mots de passe saisis en majuscules de ceux saisis en minuscules.*

I- Rechercher des documents

▒ A partir de la boîte de dialogue **Ouvrir** :

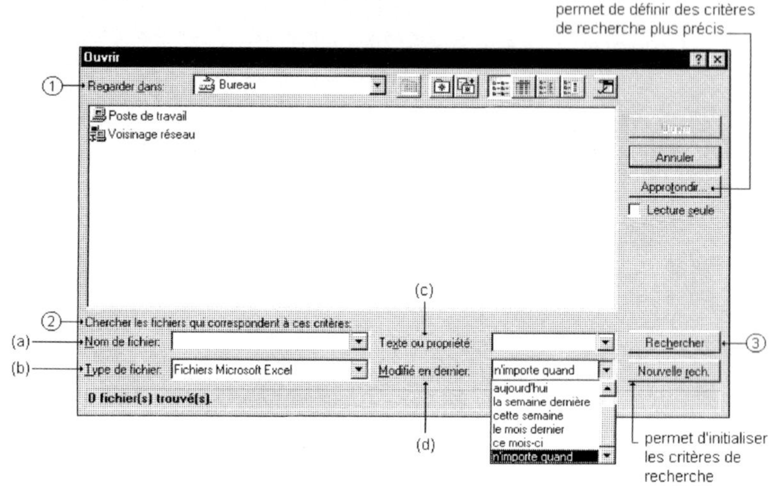

① Activez l'unité ou le dossier où doit s'effectuer la recherche.

② Précisez les différents critères de recherche :

(a) pour taper le nom du document (les caractères génériques ? et * peuvent être utilisés).

(b) pour préciser le type de document sur lequel doit porter la recherche.

(c) pour préciser une chaîne de caractères ou des propriétés contenus dans les documents recherchés.

(d) pour préciser la date de dernière modification.

③ Lancez la recherche.

⇨ *Cliquez sur*  *puis sur* ***Chercher dans les sous-dossiers*** *pour rechercher dans les sous-dossiers du dossier ou de l'unité en cours.*

J- Partager un classeur avec d'autres utilisateurs

▒ **Fichier - Partage de fichier**
Activez l'option **Permettre une modification multiutilisateur**

▒ Cliquez sur **OK** et enregistrez votre classeur normalement.

▒ Identifiez-vous, si besoin est, et cliquez sur **Fermer**.

Le nom du classeur apparaît dans la barre de titre suivi du mot ***Partagé****.*

Utiliser un fichier partagé

- Ouvrez le document concerné : vous pouvez y ajouter des données, insérer des lignes et des colonnes, effectuer des tris mais vous ne pouvez pas changer les formats de cellules ou réaliser des calculs.
- Pour connaître les autres utilisateurs, faites **Fichier - Partage de fichier** puis cliquez sur **Etat** pour afficher la liste des utilisateurs en cours.

2.2 La gestion des feuilles de calcul

A-Créer un lien entre des feuilles

- Sélectionnez les cellules réceptrices, tapez =, sélectionnez les cellules sources.
- Validez par [Ctrl] [⇧ Shift] [Entrée].

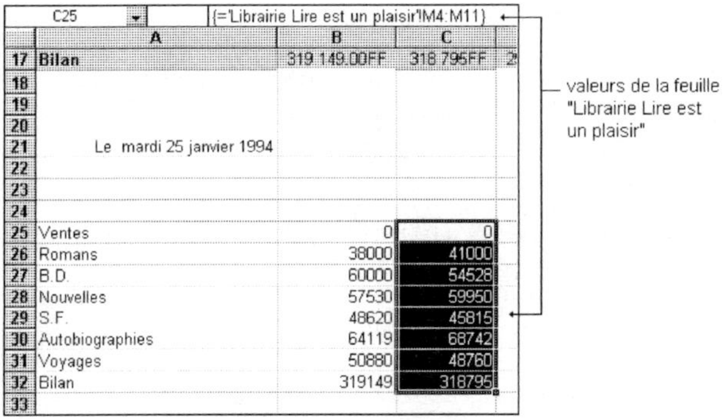

⇨ *Vous pouvez aussi utiliser la commande **Edition - Collage spécial - Coller avec liaison**.*

B-Copier une feuille d'un classeur vers un autre

- Ouvrez le classeur qui contient la feuille à dupliquer et le classeur de destination.
- Atteignez la feuille à dupliquer puis **Edition - Déplacer ou copier une feuille...**

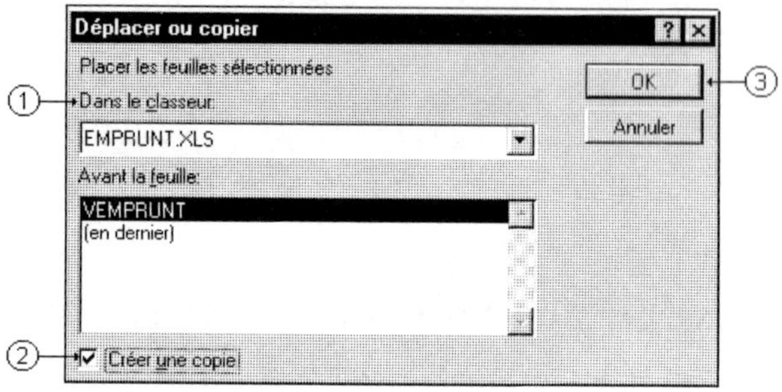

① Sélectionnez le classeur de destination.

② Activez cette option.

③ Cliquez sur **OK**.

C-Supprimer des feuilles

- Par des Ctrl cliqués dans leur onglet, sélectionnez les feuilles à supprimer puis **Edition - Supprimer une feuille**.
- Confirmez votre demande par **OK**.

D-Répercuter une modification sur plusieurs feuilles

- Par des Ctrl cliqués dans l'onglet, sélectionnez toutes les feuilles concernées (vous créez ainsi un groupe de travail) puis réalisez les modifications.
- Pour désactiver le groupe de travail, atteignez une feuille qui n'appartient pas au groupe.

3.1 La saisie des données

A-Saisir des données constantes (texte, valeurs)

- Activez la cellule d'affichage de la donnée puis saisissez la donnée à afficher.

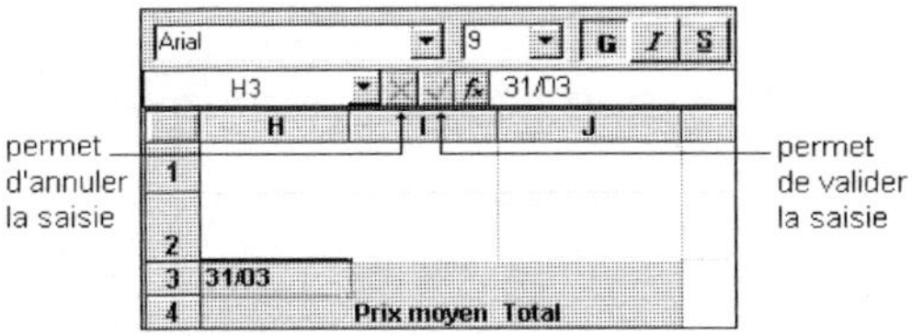

- Activez la cellule de saisie suivante.

⇨ *Pour écrire la donnée sur plusieurs lignes, tapez* [Alt][Entrée] *à la fin de chaque ligne.*

⇨ *Pour saisir un même contenu dans plusieurs cellules, sélectionnez-les, tapez la donnée (ce peut être une formule) et validez par* [Ctrl][Entrée].

⇨ *255 caractères de texte peuvent être saisis par cellule. Pour qu'un nombre comme 10000 apparaisse immédiatement sous la forme 10 000 FF, saisissez 10000F. Pour entrer un pourcentage, tapez le signe % juste après le nombre.*

⇨ *En cours de saisie, gommez l'erreur par* [←] *; après la validation, activez de nouveau la cellule et retapez intégralement la bonne donnée.*

⇨ *Le choix **Désactiver la sélection après validation** accessible à l'aide de la commande **Outils - Options - Modification** permet de désactiver le passage en cellule suivante après la touche* [Entrée].

B-Effectuer une saisie semi-automatique

- Tapez les premiers caractères : ces caractères correspondent à une entrée existante dans la colonne. Pour accepter l'entrée, tapez [Entrée].
- Vous pouvez aussi afficher la liste des entrées existant dans la colonne en tapant [Alt][Entrée] :

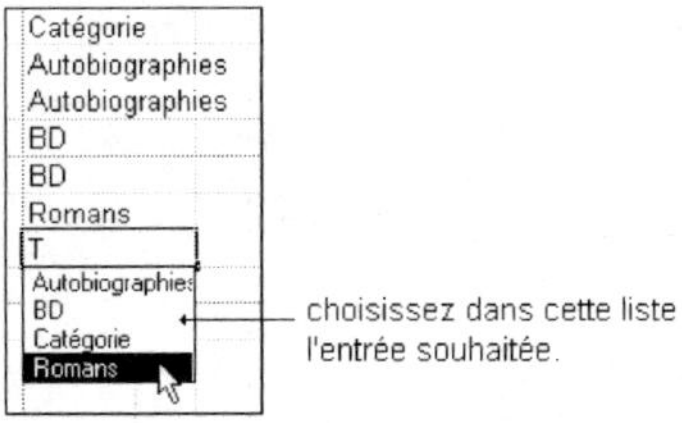

⇨ *L'option **Liste de choix** du menu contextuel permet aussi d'afficher cette liste.*

C-Insérer la date système dans une cellule

- Activez la cellule d'affichage de la date.
- Choisissez d'insérer l'une de ces trois dates système :

=AUJOURDHUI()	Date mise à jour à chaque ouverture de la feuille.
=MAINTENANT()	Date et heure système mises à jour à chaque ouverture de la feuille.
[Ctrl] ;	Date système non mise à jour.

- Validez.

D-Opérer une saisie rapide de données

- Sélectionnez la zone de saisie.
- Pour réaliser une saisie en ligne faites [⇄] après chaque saisie. Pour réaliser une saisie en colonne, faites [Entrée] après chaque saisie. Si vous souhaitez revenir en cellule précédente, utilisez [⇧ Shift] [⇄] ou [⇧ Shift] [Entrée].

E-Écrire une série de données

4	1er livre	BD
5	2e livre	BD
6	3e livre	BD
7	4e livre	Nouvelles
8	5e livre	Romans
9	6e livre	Romans
10	7e livre	Romans
11	8e livre	Romans
12	9e livre	Autobiograph
13	10e livre	Autobiograph
14		

une série de données correspond à une suite logique

- Saisissez la première valeur de la série.
- Faites glisser la poignée de recopie de cette cellule jusqu'à la cellule d'affichage de la dernière valeur.

⇨ *Vous pouvez sélectionner les deux premières valeurs de la série pour indiquer son incrémentation. Exemple :*

série de données

126					
127		Janvier	Mars	Mai	Juillet
128	Pdt A	125000	135020	127500	128000
129	Pdt C	132000	128900	130240	131000
130	Pdt B	140000	141200	140790	139800
131	**Total**	397000	405120	398530	398800
132					

Janvier et Mars ont été sélectionnés pour créer cette série

F- Créer une série de données personnalisée

- **Outils - Options**
  Onglet **Listes pers.**

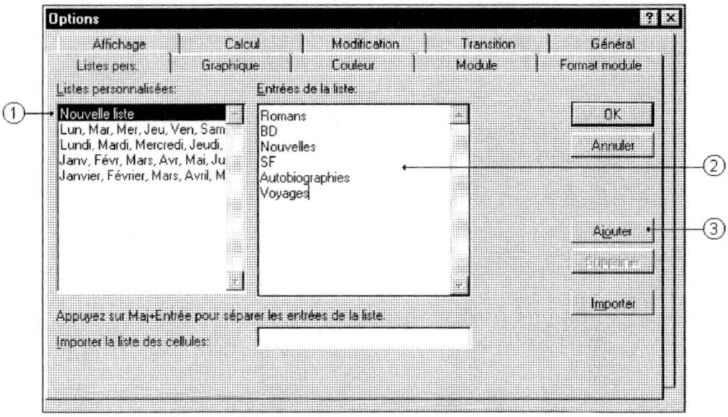

① Cliquez sur **Nouvelle liste**.

② Saisissez chacune de vos données en les séparant par [⇧ Shift] [Entrée].

③ Créez la liste.

G-Vérifier l'orthographe des textes

- Sélectionnez, si besoin est, la zone de texte.
- **Outils**  [F7]
  Orthographe

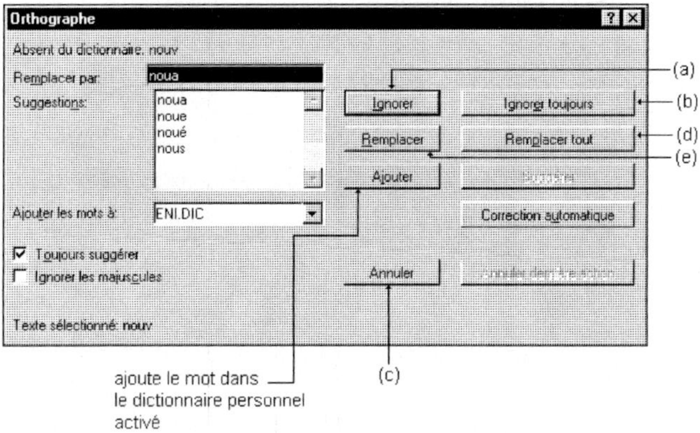

(a) laisse le mot inchangé et poursuit la vérification.

(b) ignore le mot et toutes ses occurrences suivantes.

(c) quitte la vérification orthographique.

- Pour remplacer le mot erroné, vous pouvez faire un double clic sur une des suggestions ou saisir la bonne orthographe puis cliquez sur (d) ou sur (e).

- Cliquez sur **OK** à la fin de la vérification.

⇨ *Le bouton **Supprimer** permet de détruire un mot saisi deux fois par erreur.*

3.2 La modification des données

A-Modifier un contenu de cellule

- Faites un double clic dans la cellule à modifier.

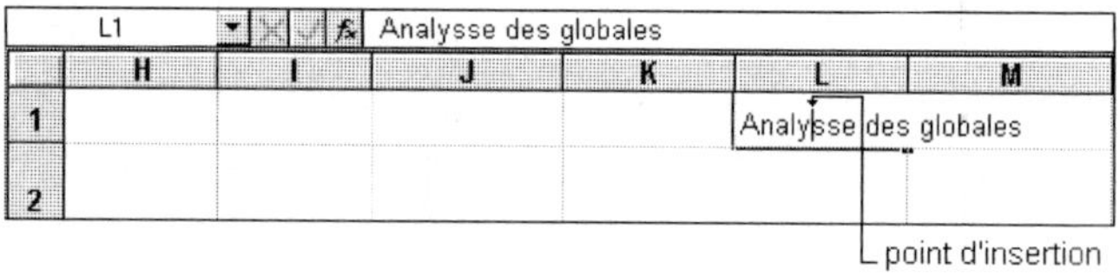

- Réalisez vos modifications (la touche Inser permet de passer du mode Insertion au mode Frappe) puis validez.

B-Effacer le contenu des cellules

- Sélectionnez les cellules à effacer.
- Faites glisser la poignée de recopie de la sélection et balayez ainsi toutes les cellules à effacer.

⇨ *Cette technique efface les contenus des cellules mais pas les formats. Utilisez la commande **Edition - Effacer** pour sélectionner ce qui doit être effacé (**Format, Contenu, Annotation...**).*

C-Remplacer un contenu de cellule par un autre

- Sélectionnez les cellules puis **Edition** - **Remplacer...** (ou Ctrl **H**).

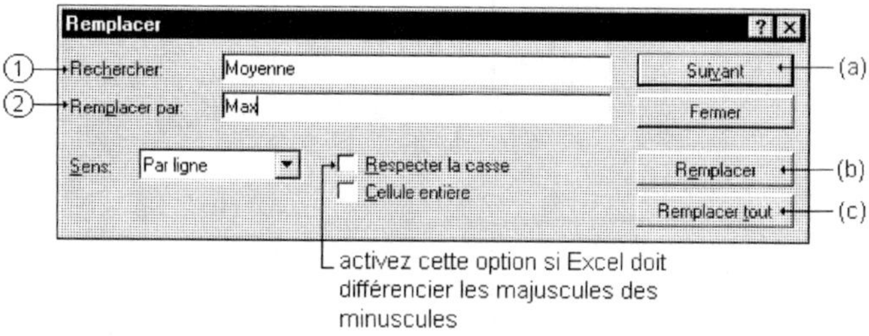

① Entrez le texte à remplacer (cette zone peut contenir des caractères génériques : ? ou * qui remplace un ou plusieurs caractères).

② Entrez le texte de remplacement.

③ Réalisez les remplacements mot par mot (boutons (a) et (b)) ou en une seule manipulation (bouton (c)).

3.3 La copie et le déplacement des données

A-Copier un contenu vers des cellules adjacentes

- Activez la cellule à recopier puis pointez la poignée de recopie de la cellule.

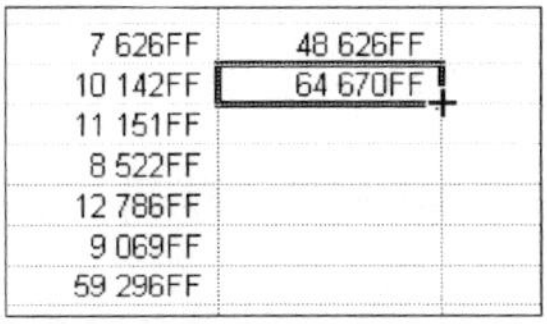

- Cliquez en direction de la dernière cellule destinatrice de la copie puis relâchez.

B-Copier/déplacer des cellules

Première méthode

- Sélectionnez les cellules à transférer.
- Pointez l'un des bords de l'une des cellules de la sélection.

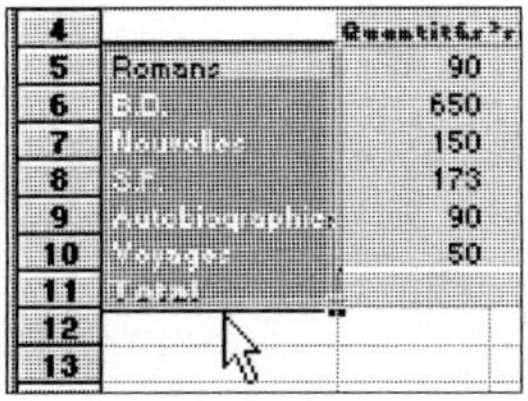

- S'il s'agit d'une recopie, appuyez sur la touche Ctrl et, sans la relâcher, faites un cliqué-glissé vers le lieu de la duplication.

  S'il s'agit d'un déplacement, réalisez un cliqué-glissé en direction de la première cellule de destination.
- Relâchez le bouton de la souris puis éventuellement la touche Ctrl.

⇨ *Pour déplacer un groupe de cellules vers une autre feuille, maintenez la touche* Alt *en faisant glisser la sélection sur l'onglet de la feuille concernée puis vers la première cellule de destination. Dans le cas d'une copie, maintenez les touches* Alt *et* Ctrl *enfoncées lors du cliqué-glissé.*

Deuxième méthode

- Sélectionnez les cellules à transférer.
- S'il s'agit de copier les cellules, faites :

Edition
Copier  Ctrl **C**

- S'il s'agit de déplacer les cellules, faites :

Edition
Couper  Ctrl **X**

- Activez la première cellule de destination du transfert.
- **Edition**
  Coller  Ctrl V

C-Transposer lignes et colonnes

- Sélectionnez les données à copier, lancez la copie puis activez la première cellule de destination.
- **Edition - Collage spécial...**

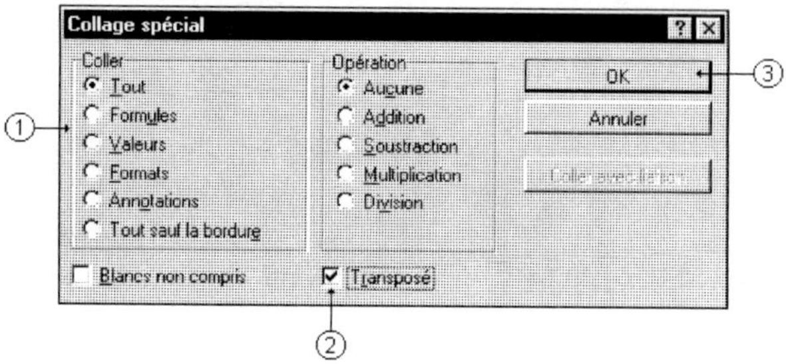

① Précisez ce qui doit être copié.

② Activez le choix **Transposé**.

③ **OK**

D-Trier les données d'un tableau

- Sélectionnez le tableau à trier.
- Pour trier selon un critère, accédez à la colonne servant de critère de tri puis cliquez sur  pour trier en ordre croissant ou  pour trier en ordre décroissant.

⇨ *Pour sélectionner selon plusieurs critères, utilisez la commande **Données - Trier**.*

3.4 Les zones nommées

A- Nommer des cellules

Première méthode

- Sélectionnez les cellules qui doivent porter un même nom puis **Insertion - Nom - Définir** (ou Ctrl F3).

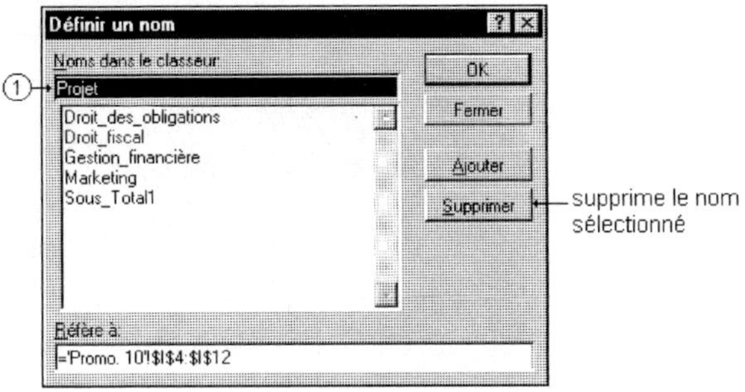

① Précisez le nom à donner aux cellules.

⇨ *Les espaces et traits d'union sont absolument interdits dans ces noms.*

⇨ *Pour attribuer un nom à une formule de calcul, entrez-la dans la zone **Réfère à**. Pour utiliser une formule nommée, tapez alors = puis le nom de la formule et validez.*

Deuxième méthode

Cette méthode peut être utilisée si les noms à attribuer aux cellules leur sont adjacents.

- Sélectionnez les cellules qui contiennent les noms à attribuer et les cellules à nommer.
- **Insertion - Nom - Créer** (ou Ctrl ⇧Shift F3)

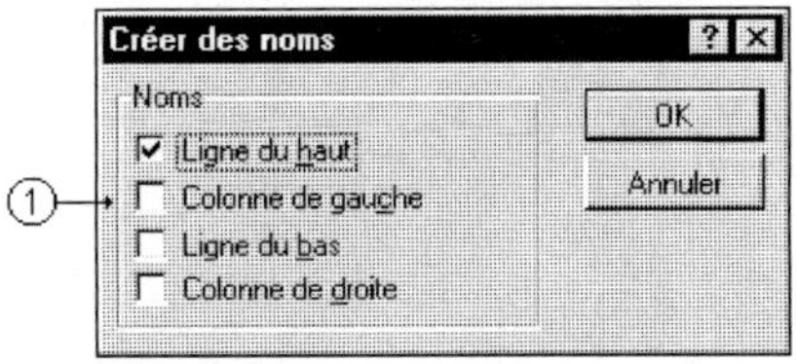

① Indiquez où se trouvent les cellules qui contiennent les noms à attribuer.

B-Utiliser un nom dans une formule

- Au cours de la formule, saisissez le nom à la place des références ou "collez-le" grâce à la commande **Insertion - Nom - Coller** (ou F3).

C- Nommer une feuille

- Faites un double clic sur l'onglet de la feuille à nommer puis tapez le **Nouveau nom** de la feuille (31 caractères maximum) et validez.

D- Remplacer des références de cellules par leur nom

- Sélectionnez les cellules concernées par les remplacements.
- **Insertion - Nom - Affecter**

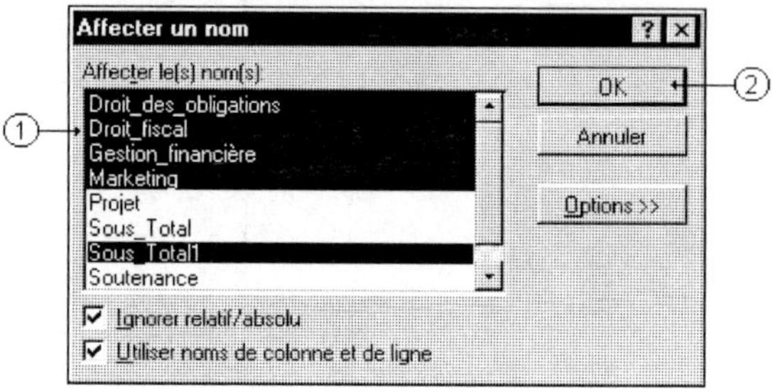

① Sélectionnez les noms concernés.

② Cliquez sur **OK**.

4

4.1 Les calculs

A-Entrer une formule de calcul

- Activez la cellule où vous souhaitez le résultat.
- Tapez =
- Activez la première cellule du calcul.
- Tapez l'opérateur mathématique du calcul à effectuer :
- Montrez ainsi chacune des cellules intervenant dans le calcul :

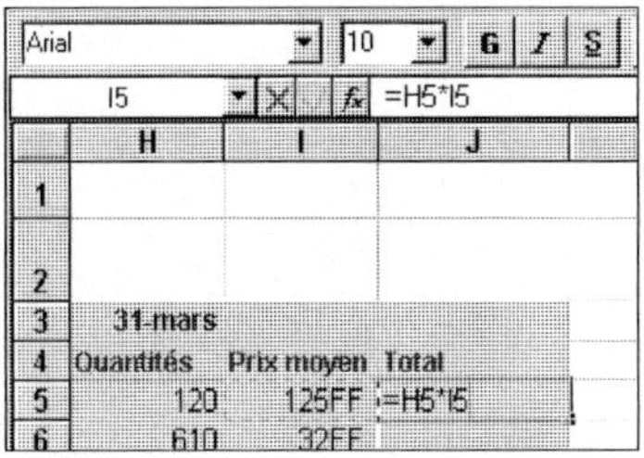

- Lorsque la dernière cellule est montrée, validez soit par ✓ soit par Entrée.

⇨ *Si vous connaissez les références des cellules, vous pouvez les saisir au clavier plutôt que de les montrer avec la souris ou avec les touches de déplacement.*

B-Additionner un ensemble de cellules

- Activez la cellule d'affichage du résultat.
- Cliquez sur Σ ou tapez Alt =

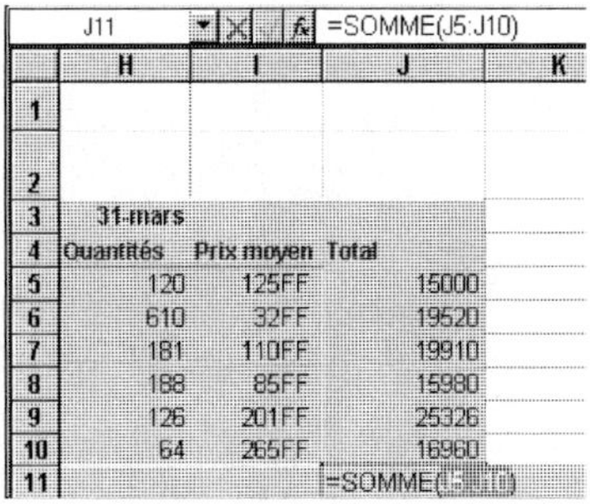

- Si la sélection des cellules n'est pas satisfaisante, modifiez-la puis validez.

C-Rendre absolue une référence de cellule dans une formule

Ainsi les références de la cellule ne se modifie pas lorsque vous recopiez la formule.

- Lors de la saisie de la formule, arrêtez-vous lorsque la cellule concernée est montrée. En modification, déplacez le point d'insertion sur la référence de la cellule.
- Tapez F4.

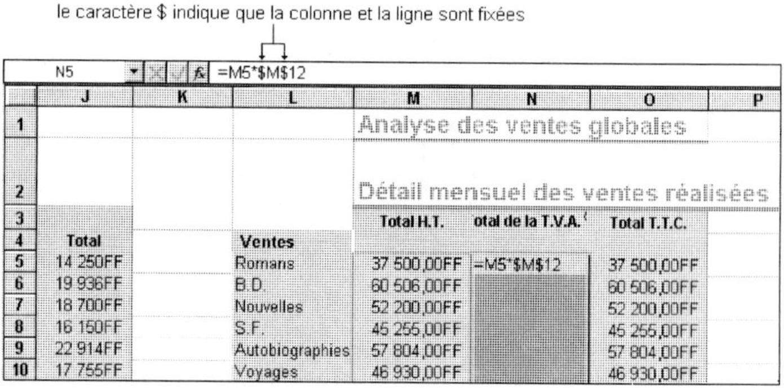

- Au besoin, terminez la formule, puis validez.

⇨ *Tapez plusieurs fois sur* F4 *pour figer uniquement la ligne ou uniquement la colonne.*

D-Effectuer des calculs simples lors d'une copie

Cette technique permet de copier des données en les additionnant, soustrayant ... aux données qui existent dans les cellules réceptrices.

- Sélectionnez les données à copier puis lancez la copie.
- Activez la première cellule de destination puis **Edition - Collage spécial...**

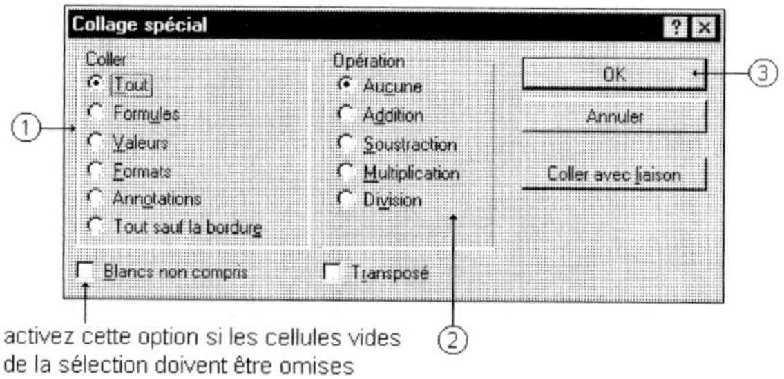

① Déterminez ce qui doit être copié.

② Précisez l'**Opération** à effectuer.

③ Lancez la copie.

E-Insérer des lignes de statistiques

- Triez le tableau en fonction de la colonne qui contiendra les groupes devant faire l'objet d'un sous-total.
- Sélectionnez le tableau puis **Données** - **Sous-total...**

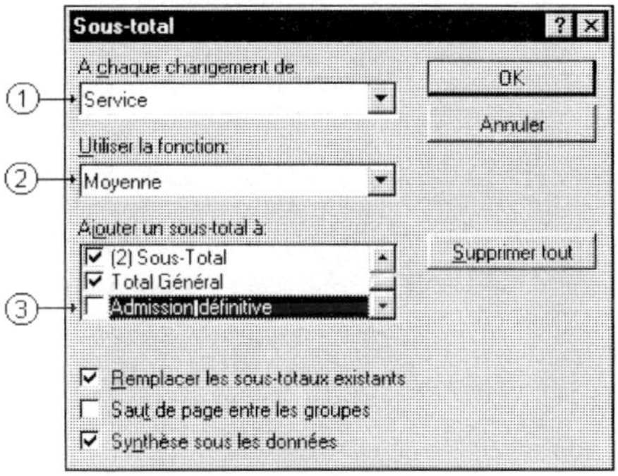

① Sélectionnez la colonne qui contient les groupes.

② Choisissez le calcul à effectuer.

③ Cochez les colonnes qui contiennent les valeurs sur lesquelles effectuer les calculs.

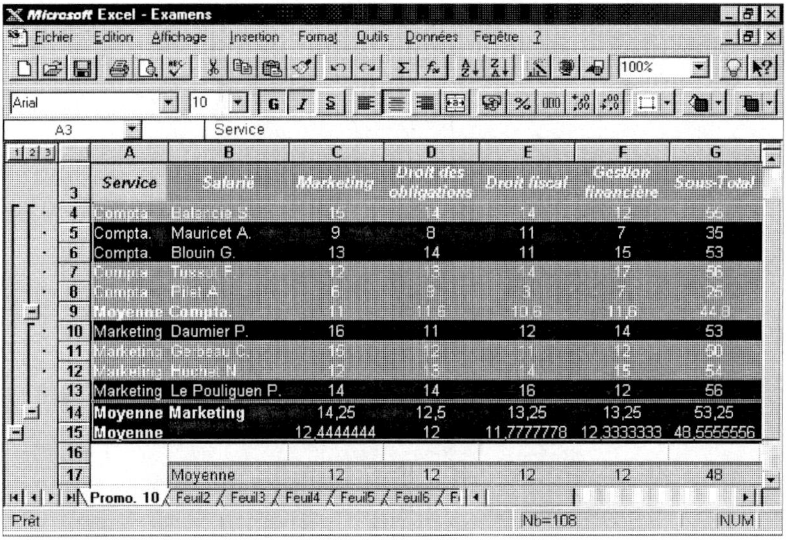

Excel calcule les statistiques demandées et construit un plan.

CALCULS

F- Consolider des feuilles de calcul

Cette technique permet d'effectuer une analyse (par exemple, une somme) à partir de plusieurs tableaux.

- Activez la première cellule de destination de la consolidation.
- **Données - Consolider...**

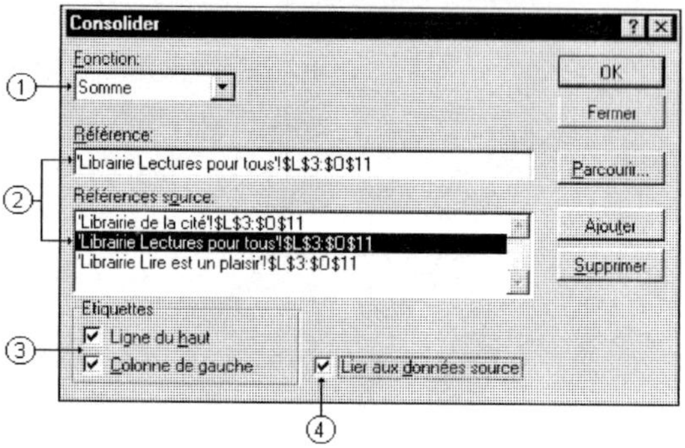

① Choisissez la **Fonction** de calcul à utiliser.

② Pour chaque feuille à consolider : activez-la pour sélectionner les cellules concernées puis cliquez sur le bouton **Ajouter**.

③ Au besoin, précisez si vous avez englobé dans la sélection les **Etiquettes** des données.

④ Activez cette option si vous souhaitez générer un lien permanent entre les feuilles source et la feuille réceptrice.

G-Concaténer des expressions

- Procédez comme pour une addition mais au lieu d'utiliser l'opérateur +, utilisez l'opérateur &. Exemple :

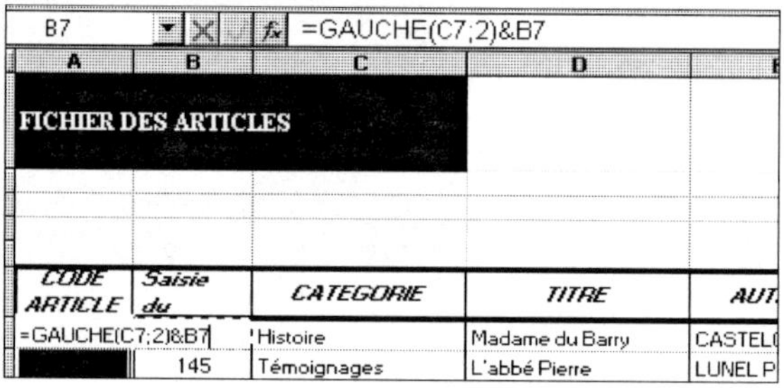

H-Modifier le mode de calcul

- **Outils - Options**
  Onglet **Calcul**

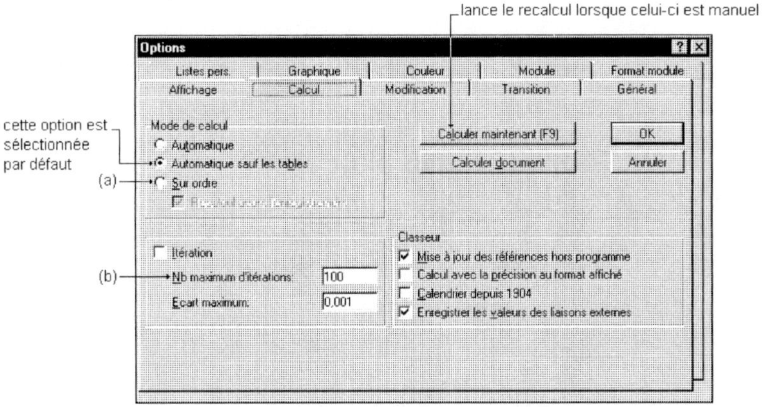

(a) bloque le recalcul automatique.
(b) permet d'effectuer des calculs avec références circulaires.

I- Générer une table à double entrée

30	1 014.50 F	12	24	36	48	60
31	10 000.00 F	879.16 F	461.45 F	322.67 F	253.63 F	212.47 F
32	20 000.00 F	1 758.32 F	922.90 F	645.34 F	507.25 F	424.94 F
33	30 000.00 F	2 637.48 F	1 384.35 F	968.02 F	760.88 F	637.41 F
34	40 000.00 F	3 516.64 F	1 845.80 F	1 290.69 F	1 014.50 F	849.88 F
35	50 000.00 F	4 395.79 F	2 307.25 F	1 613.36 F	1 268.13 F	1 062.35 F
36	60 000.00 F	5 274.95 F	2 768.70 F	1 936.03 F	1 521.76 F	1 274.82 F
37	70 000.00 F	6 154.11 F	3 230.14 F	2 258.70 F	1 775.38 F	1 487.29 F
38	80 000.00 F	7 033.27 F	3 691.59 F	2 581.37 F	2 029.01 F	1 699.76 F
39	90 000.00 F	7 912.43 F	4 153.04 F	2 904.05 F	2 282.63 F	1 912.23 F
40	100 000.00 F	8 791.59 F	4 614.49 F	3 226.72 F	2 536.26 F	2 124.70 F
41	110 000.00 F	9 670.75 F	5 075.94 F	3 549.39 F	2 789.88 F	2 337.17 F
42	120 000.00 F	10 549.91 F	5 537.39 F	3 872.06 F	3 043.51 F	2 549.65 F
43	130 000.00 F	11 429.07 F	5 998.84 F	4 194.73 F	3 297.14 F	2 762.12 F
44	140 000.00 F	12 308.22 F	6 460.29 F	4 517.41 F	3 550.76 F	2 974.59 F
45	150 000.00 F	13 187.38 F	6 921.74 F	4 840.08 F	3 804.39 F	3 187.06 F

Cette table affiche le montant de la mensualité en fonction du capital emprunté et du nombre de mensualités.

- Saisissez dans des cellules situées hors de la table, les éléments initiaux du calcul à réaliser.
- Entrez les données qui varient : les unes en colonne, les autres en ligne.
- A l'intersection de cette ligne et de cette colonne, entrez la formule de calcul.
- Sélectionnez la plage de cellules comprenant la formule de calcul jusqu'à la dernière cellule de résultat.

- **Données - Table...**
- Dans la zone **Cellule d'entrée en ligne**, indiquez la cellule utilisée dans la formule qui correspond aux données variables en ligne.
- Indiquez la **Cellule d'entrée en colonne**.
- Validez.

4.2 Calculs complexes

A-Réaliser un calcul matriciel

- Procédez comme pour un calcul ordinaire mais au lieu de travailler par cellule, travaillez par plage de cellules et, au lieu de valider par [Entrée] ou [Ctrl][Entrée], validez par [Ctrl][⇧ Shift][Entrée].

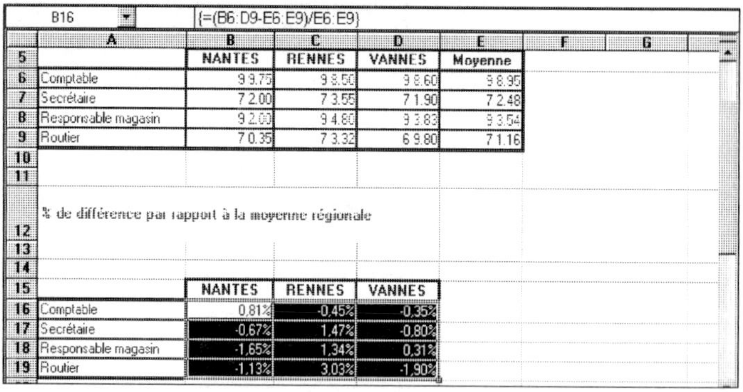

B16 {=(B6:D9-E6:E9)/E6:E9}

	A	B	C	D	E
5		NANTES	RENNES	VANNES	Moyenne
6	Comptable	99.75	98.50	98.60	98.95
7	Secrétaire	72.00	73.55	71.90	72.48
8	Responsable magasin	92.00	94.80	93.83	93.54
9	Routier	70.35	73.32	69.80	71.16
10					
11					
12	% de différence par rapport à la moyenne régionale				
13					
14					
15		NANTES	RENNES	VANNES	
16	Comptable	0,81%	-0,45%	-0,35%	
17	Secrétaire	-0,67%	1,47%	-0,80%	
18	Responsable magasin	-1,65%	1,34%	0,31%	
19	Routier	-1,13%	3,03%	-1,90%	

Un calcul matriciel se reconnaît aux accolades qui l'entourent.

⇨ *L'utilisation d'un calcul matriciel à la place de plusieurs formules réduit l'espace occupé en mémoire. En outre, certaines fonctions sont uniquement matricielles.*

B-Résoudre un calcul à plusieurs inconnues

Exemple de problème : vous devez déterminer quelles quantités de facteurs x, y et z doivent être utilisées pour produire les quantités q1, q2 et q3.

- Recensez et saisissez sous forme de matrice tous les éléments de l'analyse linéaire, puis tous les résultats à atteindre :

PROBLEME 1 : Réaliser un calcul à plusieurs inconnues

Les données

Trois types de produits (1 2 3)
Trois facteurs de production (x y z)

Analyse linéaire → $2x + 5y + z = q1$
$x + 2y + 3z = q2$
$4x + y + 6z = q3$

But : → $q1 = 36$
$q2 = 33$
$q3 = 55$

Pose du problème :

2	5	1	36
1	2	3	33
4	1	6	55

(a)

- Calculez la matrice inverse de (a) : sélectionnez la zone d'affichage de la future matrice inverse, utilisez la fonction =INVERSEMAT(matrice) et validez par Ctrl ⇧Shift Entrée.
- Calculez le produit des deux matrices : sélectionnez la zone d'affichage du résultat puis utilisez la fonction =PRODUITMAT(matrice1;matrice2) (où <u>matrice 1</u> contient autant de colonnes que <u>matrice 2</u> contient de lignes) et validez par Ctrl ⇧Shift Entrée.

Résolution du problème :

<u>Création de la matrice inverse</u>

0.219512195	-0.70731707	0.3170732
0.146341463	0.19512195	-0.121951
-0.170731707	0.43902439	-0.02439

<u>Nombre d'unités de chaque facteur de production</u>

2
5
7

Sur cet exemple, pour atteindre une production de 36 produits 1, 33 produits 2 et 55 produits 3 vous avez donc besoin de deux unités du facteur x, 5 du facteur y et 7 du facteur z.

C-Atteindre une valeur cible

- Activez la cellule qui doit atteindre une valeur précise et vérifiez qu'elle contient bien une formule de calcul.
- **Outils - Valeur cible...**

Précisez quelle doit être la **Valeur à atteindre** et quelle est la **Cellule à modifier** puis validez.

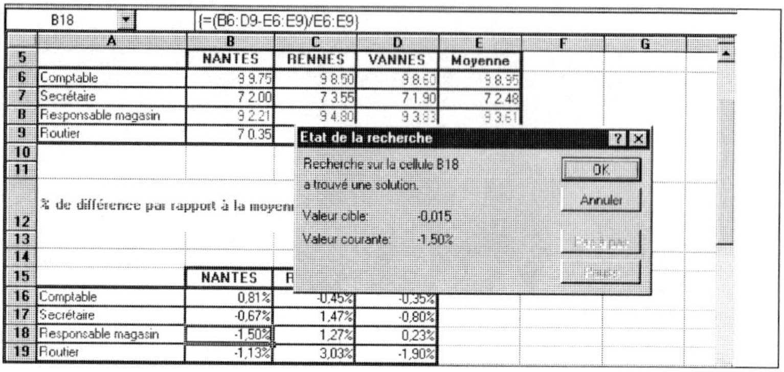

Si le résultat proposé vous convient cliquez sur **OK** sinon **Annuler**.

D-Résoudre un problème à l'aide du Solveur

Outils - Solveur...

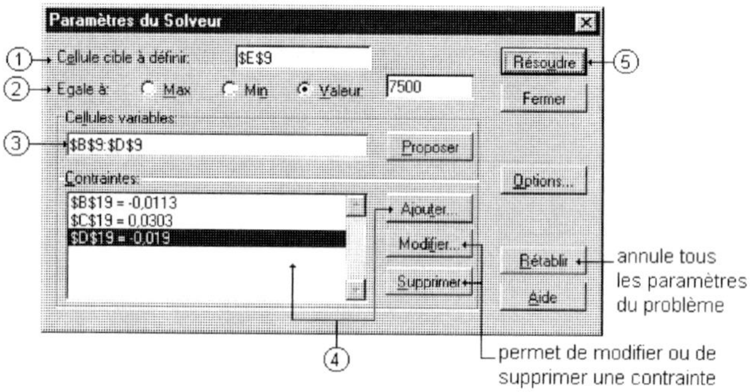

① Indiquez la cellule cible.

② Précisez si la cellule doit être maximisée, minimisée ou atteindre une valeur précise.

③ Sélectionnez dans la feuille de calcul les **Cellules variables** après avoir activé cette zone.

④ Définissez chaque contrainte : cliquez sur **Ajouter**, activez la cellule concernée puis précisez la condition.

⑤ Lancez la résolution du problème.

Si le résultat obtenu vous convient, choisissez de **Garder la solution du solveur**, sinon optez pour **Rétablir les valeurs d'origine** puis cliquez sur **OK** (vous pouvez aussi **Enregistrer le scénario** pour enregistrer les solutions issues du Solveur).

⇨ *Le bouton **Options** de la boîte de dialogue **Paramètres du Solveur** permet d'accéder aux options **Enregistrer le modèle** et **Charger le modèle** afin d'enregistrer pour les exploiter ultérieurement les données du problème.*

4.3 Les fonctions de calcul

A-Effectuer des statistiques simples

Utilisez l'une des fonctions courantes suivantes :

=**MOYENNE()**	pour calculer la moyenne d'un ensemble de cellules.
=**MAX()**	pour en extraire la valeur maximale.
=**MIN()**	pour en extraire la valeur minimale.

B-Poser une condition

Posez votre condition en respectant la syntaxe suivante :
=SI(condition;action si cond. vraie;action si cond. fausse)

H4 =si(G4>=48;"";"Non")

	B	G	H	I
3	*Salarié*	*Sous-Total*	*Admissibilité*	*Projet*
4	Balencie S.		=si(G4>=48;"";"Non")	
5	Daumier P.	53		26
6	Gerbeau C.	50		20
7	Mauricet A.	35		32
8	Huchet N.	54		32
9	Blouin G.	53		34
10	Tussot F.	56		39
11	Le Pouliguen P.	56		38

n'affiche rien dans la cellule si G4 est supérieure ou égale à 48, sinon affiche le texte "Non"

Dans une formule conditionnelle, diverses actions peuvent être réalisées :

Affichage d'un nombre	saisir le nombre
Affichage d'un texte	saisir le texte entre guillemets,
Affichage d'un résultat de calcul	entrer la formule de calcul,
Affichage du contenu d'une cellule	montrer la cellule,
Affichage d'un zéro	ne rien faire,
Aucun affichage	taper "".

⇨ *Vous pouvez tester plusieurs conditions en les reliant à l'aide de l'opérateur ET ou de l'opérateur OU :*

M4 =SI(ET(G7>=48;L7>=108);"Reçu(e)";"Eliminé(e)")

	B	I	J	K	L	M
3	*Salarié*	*Projet*	*Soutenance*	*Sous-Total*	*Total Général*	*Admission définitive*
4	Balencie S.	24	56	80	135	Reçu(e)
5	Daumier P.	26	54	80	133	Reçu(e)
6	Gerbeau C.	20	30	50	118	Eliminé(e)
7	Mauricet A.	32	51	83	100	Eliminé(e)
8	Huchet N.	32	48	80	134	Reçu(e)
9	Blouin G.	34	46	80	133	Reçu(e)
10	Tussot F.	39	44	83	139	Reçu(e)
11	Le Pouliguen P.	38	42	80	136	Reçu(e)
12	Pilet A.	36	40	76	101	Eliminé(e)

cet élève est éliminé car L7 n'est pas supérieur à 108

C-Gérer des tables de consultation

Sur cet exemple, la fonction permet d'afficher la désignation et l'auteur d'un article lorsque le code est saisi.

CODE ARTICLE	Saisie du Numéro	CATEGORIE	TITRE	AUTEUR	PRIX
BD250	250	BD	Le cas Lagaffe	FRANQUIN	32 F
BD251	251	BD	Le Petit Haddock illustré	ALGOUD A.	44 F
BD310	310	BD	Lagaffe nous gâte	FRANQUIN	32 F
CL87	87	Classiques	Madame Bovary	FLAUBERT G.	70 F
CL99	99	Classiques	La fortune des Rougon	ZOLA E.	68 F
CO45	45	Contemporain	Tristes Tropiques	LEVI-STRAUSS C.	118 F
CO64	64	Contemporain	Propos sur le bonheur	ALAIN	68 F
DO110	110	Documents	Selva Sauvage	PASTEUR J.	75 F
DO127	127	Documents	Chaveta	PASTEUR J.	60 F
HI145	145	Histoire	Les Reines de France	LEJEUNE P.	68 F
HI150	150	Histoire	Marie-Antoinette	CASTELOT A.	160 F

3 scénarios \ VFACTURE /

=SI(L24<>"";RECHERCHE(L24;CODE_ART;TITRE&" "&AUTEUR);"")

Code Article	Désignation et Auteur	Prix H.T.	Qtés	Prix T.T.C.
BD250	Le cas Lagaffe FRANQUIN	32	25	800
BD310	Lagaffe nous gâte FRANQUIN	32	25	800
HI145	Les Reines de France LEJEUNE P.	68	2	136
DO110	Selva Sauvage PASTEUR J.	75	5	375

- Une table est composée d'une ligne (ou d'une colonne) qui recense les valeurs de comparaison. Les autres lignes (ou colonnes) listent les informations associées. Elle doit être triée par ordre croissant des valeurs de comparaison.
- Dans la cellule où doit être affichée une information de la table, utilisez la fonction suivante :
  RECHERCHE(valeur_cherchée;vecteur_recherche;vecteur_résultat)

valeur_cherchée	est la valeur de comparaison, valeur qui peut être saisie dans une cellule ou immédiatement dans la formule.
vecteur_recherche	est la zone de recherche de la valeur de comparaison.
vecteur_résultat	est la zone dans laquelle l'information à afficher doit être recherchée.

D-Appeler l'Assistant Fonction

- Activez la cellule de résultat.
- **Insertion Fonction** [fx] [⇧ Shift] [F3]
- Sélectionnez la **Catégorie de fonction** adéquate puis le **Nom de la fonction** à utiliser.
- Activez le bouton **Suivant >**.

- Indiquez tous les arguments nécessaires au calcul. Exemple :

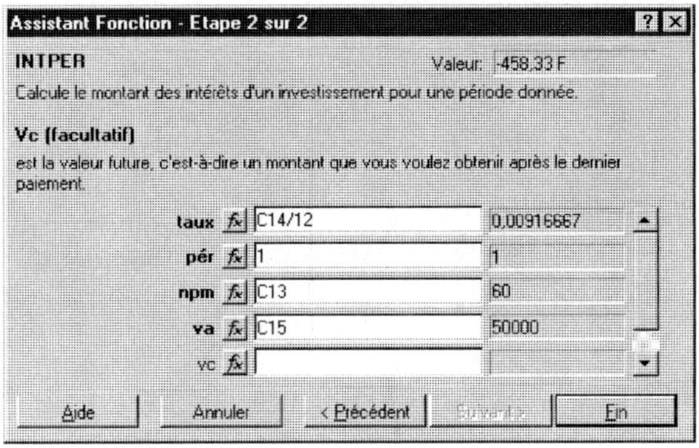

- Cliquez sur le bouton **Fin**.

E- Créer une fonction personnalisée

Écrire la fonction

- Placez-vous dans une feuille macro Excel 4.
- Dans une même colonne, listez cellule par cellule les futurs arguments de votre fonction à l'aide de l'instruction :
  =ARGUMENT("Nom de l'argument"; type)
  Le type a pour mission d'indiquer à Excel la nature de l'argument; les plus courants sont 1 pour des nombres, 2 pour du texte, 8 pour des références.
- En cellule suivante entrez la fonction à personnaliser en utilisant les arguments définis.
- Enfin, en dernière cellule, tapez l'instruction **=RETOUR(réf)** où réf correspond à la cellule qui contient la fonction.

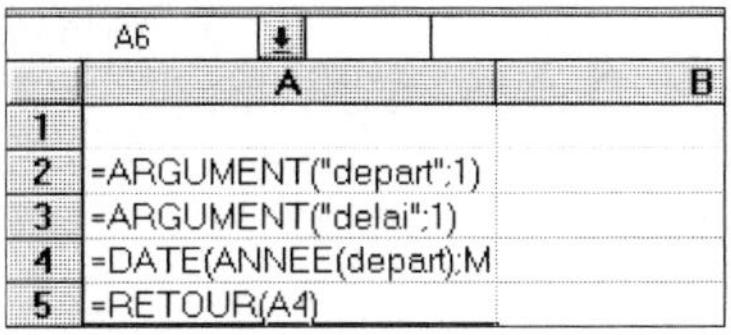

Nommer la fonction

- Activez la première cellule de saisie de la fonction.
- **Insertion** - **Nom** - **Définir** (ou Ctrl F3).
- Donnez un nom à la fonction.
- Précisez dans le cadre qu'il s'agit d'une **Fonction** et précisez la **Catégorie** à laquelle appartiendra la fonction.
- Validez.

F- Réaliser des scénarios

Un scénario vous permet de résoudre un problème en considérant plusieurs hypothèses.

Les créer

- **Outils - Gestionnaire de scénarios...**
- Cliquez sur **Ajouter...**

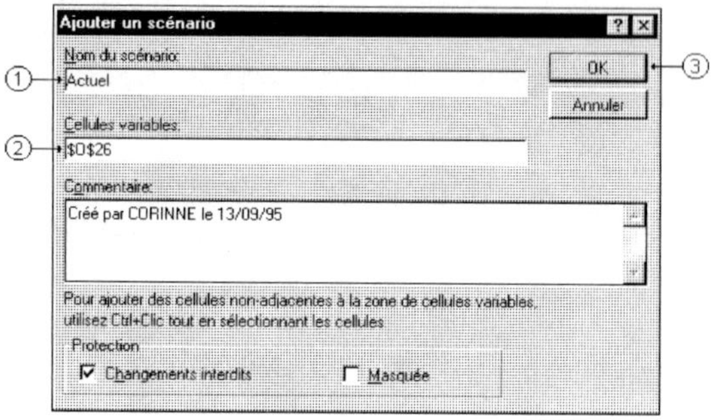

① Entrez le nom du scénario.

② Effacez ce qui apparaît dans la zone **Cellules variables** et par la technique du Ctrl cliqué, sélectionnez sur la feuille toutes les données à faire varier.

③ Cliquez sur **OK** puis entrez alors la valeur de chaque cellule variable et validez.

- Procédez ainsi pour chaque scénario à créer.

Lancer leur exécution

- **Outils - Gestionnaire de scénarios...**

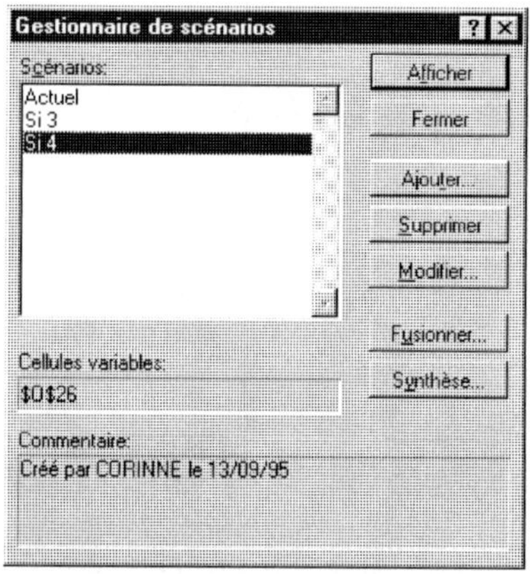

- Si seul un scénario doit être lancé, sélectionnez-le puis cliquez sur **Afficher** (le résultat est alors affiché dans la feuille de calcul). Si tous les scénarios doivent être exécutés, cliquez sur **Synthèse...**

- Au besoin, sélectionnez les cellules dont les divers résultats possibles retiennent votre attention.
- Validez.

  La synthèse est proposée sous forme de plan dans une nouvelle feuille de calcul.

5.1 Les lignes et les colonnes

A-Insérer des lignes/des colonnes

- Sélectionnez la ligne (ou la colonne) qui précèdera la (ou les) nouvelle(s) ligne(s) ou colonne(s).
- Pointez la poignée de recopie ; appuyez sur ⇧ Shift et, sans relâcher cette touche, faites glisser vers le bas pour des lignes (vers la droite pour des colonnes) de façon à montrer le nombre de lignes ou de colonnes que vous souhaitez insérer.
- Relâchez le bouton de la souris puis la touche ⇧ Shift.

⇨ *La commande* ***Insertion - Ligne*** *ou* ***Colonne*** *permet d'insérer avant la ligne ou la colonne active.*

B-Supprimer des lignes/des colonnes

- Sélectionnez les lignes (ou les colonnes) à supprimer.
- Pointez la poignée de recopie ; appuyez sur la touche ⇧ Shift et, sans la relâcher, faites glisser vers le haut pour des lignes (vers la gauche pour des colonnes), de façon à montrer autant de lignes (de colonnes) qu'il y en a à supprimer.
- Relâchez la souris puis la touche ⇧ Shift.

C-Modifier la largeur de colonne/hauteur de ligne

- Sélectionnez, si besoin est, les colonnes ou lignes concernées.
- Pointez le trait vertical situé à droite de l'une des colonnes concernées (ou le trait horizontal situé au-dessous du chiffre de l'une des lignes).
- Faites alors un cliqué-glissé.

D-Ajuster automatiquement la hauteur de la ligne

- Activez la cellule de saisie.
- **Format** - **Cellule** ou (Ctrl **1**)
  Onglet **Alignement**
- Activez le choix **Renvoi à la ligne automatique**.

⇨ *Il est possible d'ajuster la largeur d'une colonne ou la hauteur d'une ligne en fonction de l'entrée de cellule la plus longue ou la plus haute en faisant un double clic sur le trait vertical situé à droite de la lettre de la colonne concernée ou, pour ajuster une hauteur de ligne, sur le trait horizontal au-dessous du numéro de la ligne.*

E-Appliquer un format automatique de tableau

- Sélectionnez le tableau à mettre en forme puis **Format - Format automatique...**

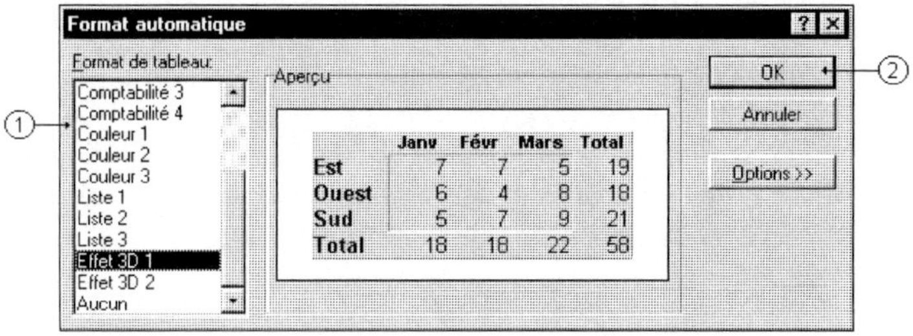

① Choisissez le format.

② **OK**

⇨ *Pour personnaliser un format automatique, activez le bouton* ***Options >*** *afin de désactiver les formats à ne pas appliquer.*

5.2 Les cellules

A-Insérer des cellules

- Sélectionnez la cellule avant laquelle vous souhaitez insérer les cellules.
- Faites glisser la poignée de recopie vers le bas (ou vers la droite) en maintenant la touche [⇧ Shift] enfoncée de façon à montrer autant de cellules que vous souhaitez en insérer.

⇨ *Pour déplacer des cellules en les intercalant dans des cellules existantes, sélectionnez-les, pointez l'un des bords de la sélection et faites glisser en maintenant la touche [⇧ Shift] enfoncée.*

B-Supprimer des cellules

- Sélectionnez les cellules à supprimer.
- Faites glisser la poignée de recopie vers le haut en maintenant la touche [⇧ Shift] enfoncée.

⇨ *Si les cellules restantes doivent être décalées vers la gauche, passez par* ***Edition - Supprimer****.*

C-Répartir un texte dans plusieurs cellules

- Sélectionnez les cellules sur lesquelles vous souhaitez répartir le contenu.
- **Edition - Recopier - Justifier**

D-Protéger des cellules

Trois manipulations sont nécessaires.

① *Annuler l'état de protection de la feuille*

- Sélectionnez toute la feuille puis **Format - Cellule** (ou Ctrl **1**).
- Dans l'onglet **Protection**, désactivez le choix **Verrouillée**.

② *Activer l'état de protection des cellules à protéger*

- Sélectionnez les cellules à protéger puis **Format - Cellule** (ou Ctrl **1**).
- Dans l'onglet **Protection** activez **Verrouillée**.

③ *Activer la protection de la feuille*

- **Outils - Protection - Protéger la feuille**
- Entrez un mot de passe ou validez si vous ne souhaitez pas saisir de mot de passe.
- Pour confirmation entrez une seconde fois ce même mot de passe et validez.

E-Déprotéger des cellules

- **Outils - Protection - Oter la protection de la feuille**
- Entrez le mot de passe qui a servi à protéger la feuille.
- Validez.

F-Annoter des cellules

- Activez la cellule à commenter puis **Insertion - Annotation** (ou ⇧Shift F2).

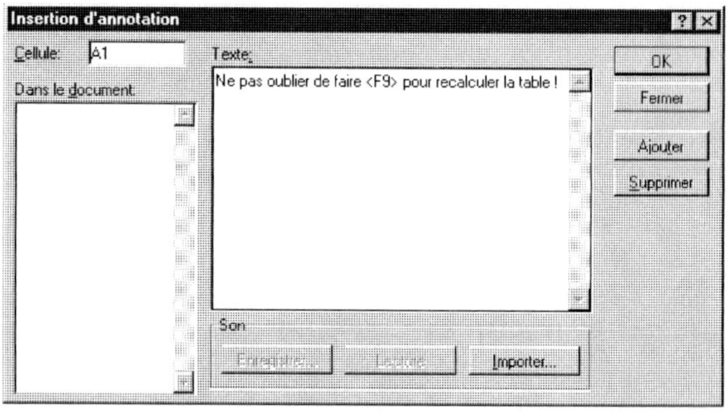

- Renseignez le **Texte** de l'annotation (un changement de ligne est possible par Entrée).
- Pour visualiser l'annotation, il suffit de pointer la cellule : ce type de cellule se repère par un carré rouge ssitué en haut à droite :

5.3 Les mises en valeur

A-Formater des valeurs numériques

Sélectionnez les valeurs concernées puis choisissez l'un des trois formats suivants :

[icône monétaire]	Monétaire	(10 000 FF)
%	Pourcentage	(100 000%)
000	Milliers	(10 000)

⇨ *Si des dièses apparaissent dans certaines cellules, augmentez la largeur de la colonne.*

⇨ *Les outils* [+,0 ,00] *et* [,00 +,0] *permettent d'augmenter ou de diminuer le nombre de décimales affichées.*

B-Formater des dates

Sélectionnez les dates puis **Format** - **Cellule** (ou Ctrl **1**).

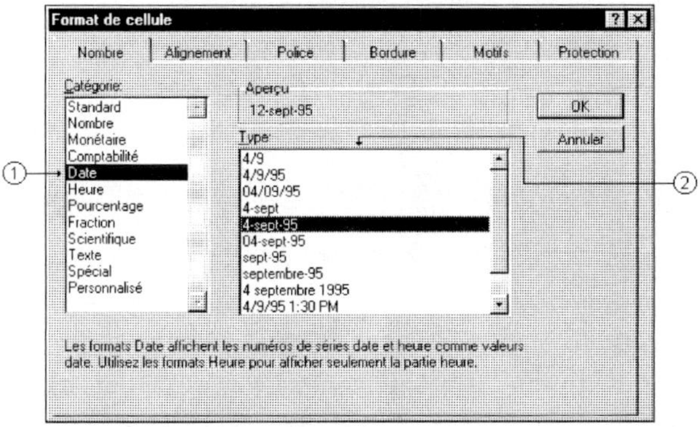

① Choisissez la catégorie **Date**.

② Cliquez sur le format.

C-Créer un format personnalisé

- Sélectionnez les cellules concernées par ce format.
- **Format - Cellule** (ou Ctrl **1**)
  Onglet **Nombre**

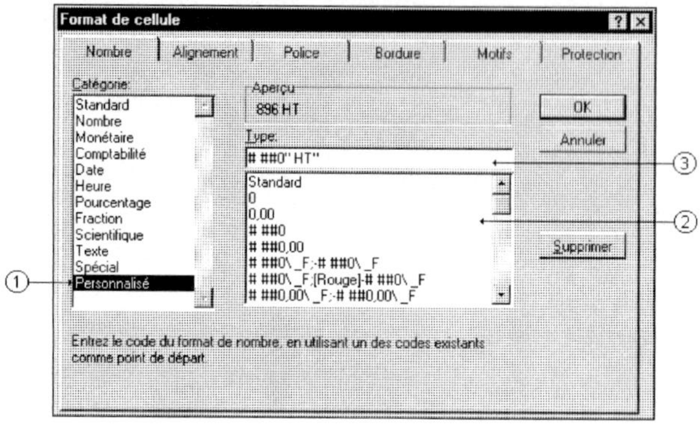

① Choisissez la catégorie **Personnalisé**.

② Choisissez le format qui se rapproche le plus de celui à obtenir.

③ Entrez votre personnalisation.

⇨ *Du texte ajouté à un format doit obligatoirement être saisi entre des guillemets.*

⇨ *Pour masquer le contenu des cellules, utilisez le code ;;; (trois points-virgules).*

⇨ *Le code [>1000][Rouge]## 0.00;[Bleu] ### 0.00 affiche en rouge les valeurs supérieures à 1000 et en bleu les autres valeurs.*

D-Modifier l'orientation d'un texte

- Sélectionnez l'élément concerné.
- Validez la première option du menu **Format** ou faites Ctrl **1**
- Dans l'onglet **Alignement** choisissez l'**Orientation** :

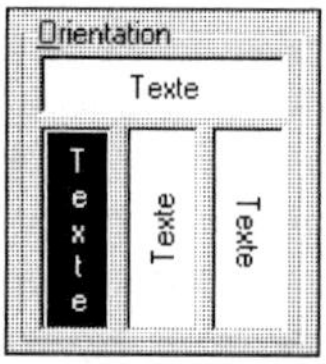

E-Aligner le contenu des cellules

- Sélectionnez les cellules concernées puis cliquez sur (alignement gauche) ou sur (alignement centré) ou sur (alignement droit).

⇨ *La commande **Format - Cellule** (Ctrl 1) permet de choisir l'alignement vertical et/ou horizontal :*

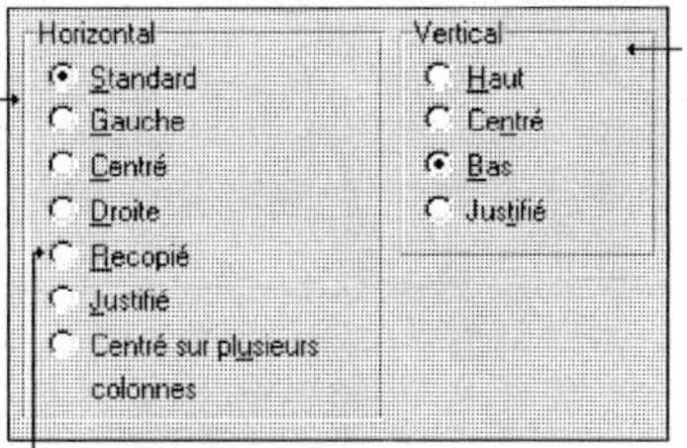

⇨ *Pour centrer un contenu de cellule par rapport à plusieurs colonnes, vous pouvez aussi sélectionner les cellules en fonction desquelles doit s'effectuer le centrage (le texte à centrer doit se trouver dans la première cellule) puis cliquer sur* [bouton].

F- Modifier police/taille/couleur des caractères

Sélectionnez les éléments concernés puis choisissez police, taille et couleur dans les listes correspondantes de la barre d'outils **Format** :

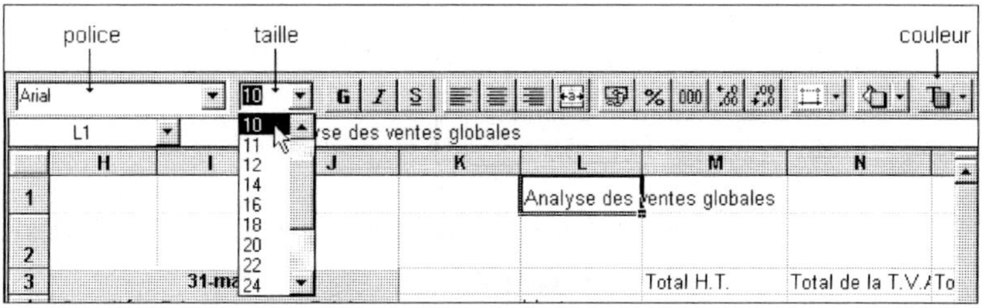

G-Mettre en valeur les caractères

Sélectionnez les éléments concernés (il peut s'agir de cellules ou de quelques caractères dans la cellule) puis activez une ou plusieurs mises en valeur :

G	Ctrl G	**gras**
I	Ctrl I	*italique*
S	Ctrl U	souligné.

⇨ *Faire une seconde fois l'une de ces mises en valeur pour un même texte permet de la désactiver.*

Sélectionnez les éléments concernés puis **Format** - **Cellule** (ou Ctrl 1).

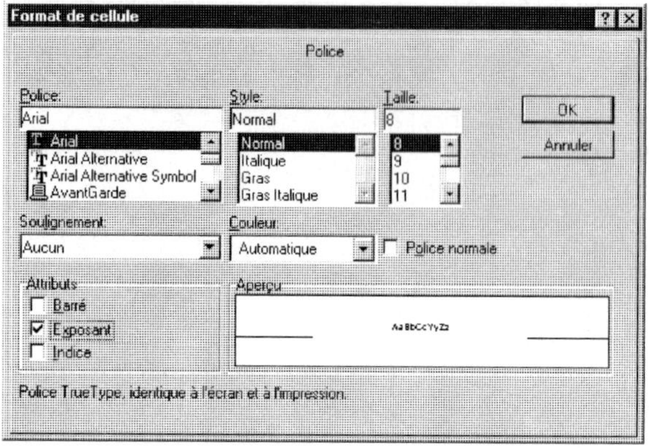

Activez toutes les mises en valeur à appliquer à la sélection.

H-Tracer des traits autour des cellules

Sélectionnez les cellules concernées puis choisissez le type de bordure dans la barre d'outils **Format** :

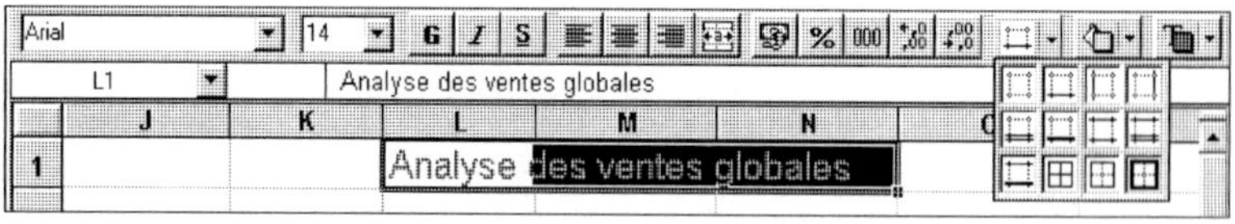

Sélectionnez les cellules concernées puis **Format** - **Cellule** (ou Ctrl 1).

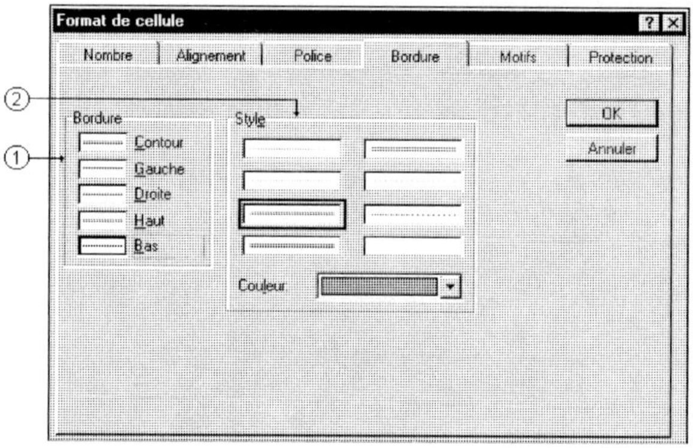

① Choisissez le type de bordure (**Contour** permet de tracer une bordure autour de la sélection).

② Pour chaque bordure, indiquez son style et sa couleur.

I- Colorier/tramer des cellules

- Sélectionnez les cellules à colorier puis choisissez la couleur en ouvrant la liste .
- Sélectionnez les cellules à colorier puis **Format - Cellule** (ou Ctrl **1**). Onglet **Motifs**.

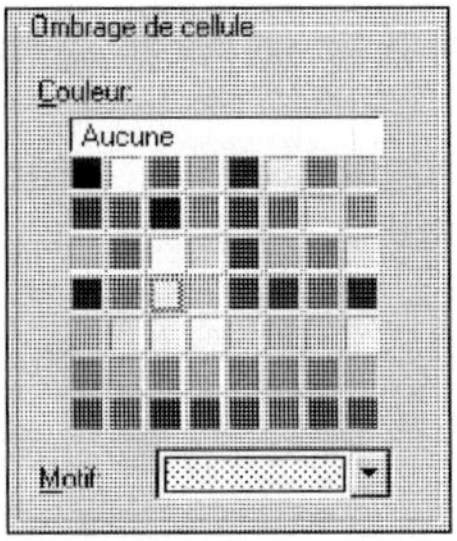

- Choisissez la **Couleur** et le **Motif**.

J- Reproduire une mise en forme

- Sélectionnez les cellules qui contiennent les formats à copier.
- Cliquez sur .

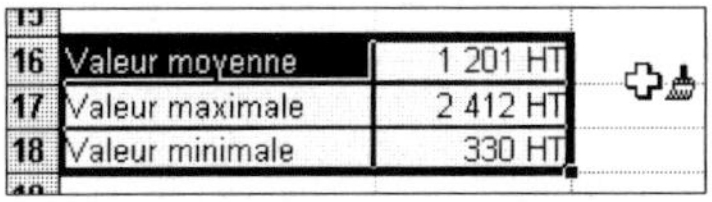

- Sélectionnez les cellules concernées par les formats.

K-Copier des résultats de calcul ou des formats

- Sélectionnez les cellules qui contiennent les résultats ou les formats à copier puis **Edition - Copier**.
- Activez la première cellule de destination puis **Edition - Collage spécial**

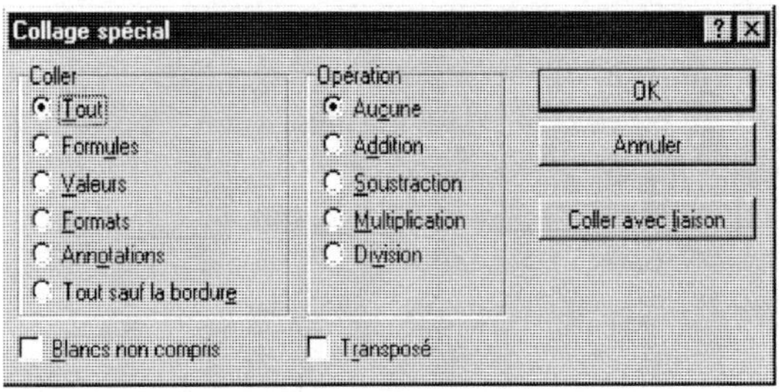

- Choisissez l'option adéquate puis **OK**.

5.4 Les styles et modèles

A-Créer un style

Un style permet d'automatiser une présentation répétitive.

- Activez la cellule dont la présentation doit être automatisée.
- **Format** - **Style** (ou [Alt] ').

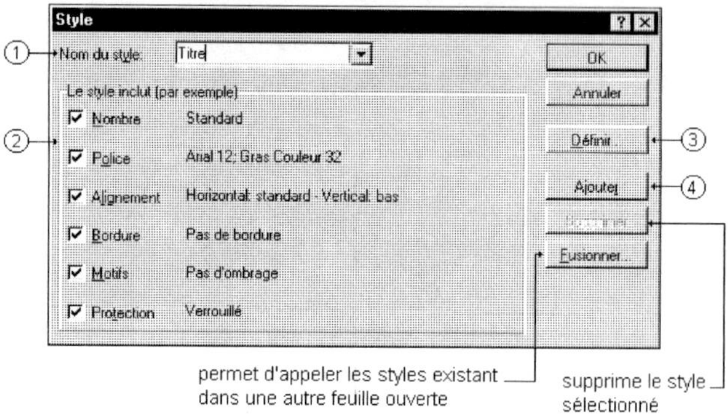

① Entrez le nom du style à créer.

② Désactivez les éventuelles mises en valeur à ne pas inclure dans le style.

③ Au besoin, modifiez certaines mises en valeur.

④ Créez le style.

B-Utiliser un style

- Sélectionnez les cellules à mettre en valeur.
- **Format** - **Style** (ou [Alt] ').
- Sélectionnez le style et validez.

C-Utiliser l'Assistant Modèle

Un modèle est un fichier contenant des présentations, des données... pouvant être utilisées sur plusieurs classeurs. L'Assistant Modèle vous permet de créer un classeur à partir d'un modèle prédéfini.

- **Fichier** - **Nouveau** (ou [Ctrl] **N**).
- Cliquez sur l'onglet **Solutions** - **Tableurs** et double clic sur le modèle à utiliser.

D-Créer un modèle

- Élaborez la feuille de calcul modèle en y supprimant tout ce qui ne présente aucun caractère de répétition et en activant les éventuelles protections.
- **Fichier - Enregistrer sous...**

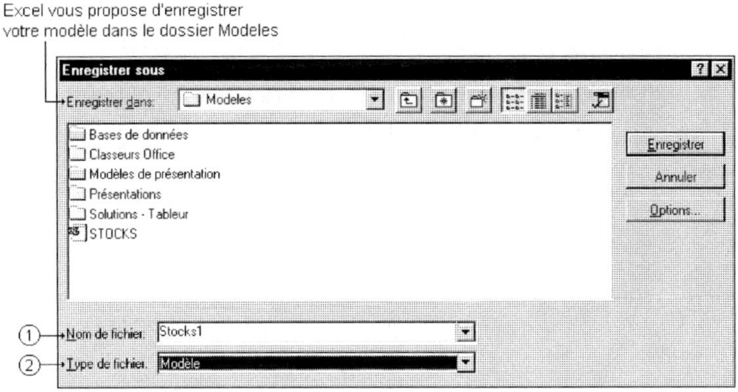

① Entrez le nom du modèle.

② Choisissez **Modèle**.

⇨ *L'extension attribuée aux feuilles modèles est XLT.*

E-Utiliser un modèle

- **Fichier - Nouveau**

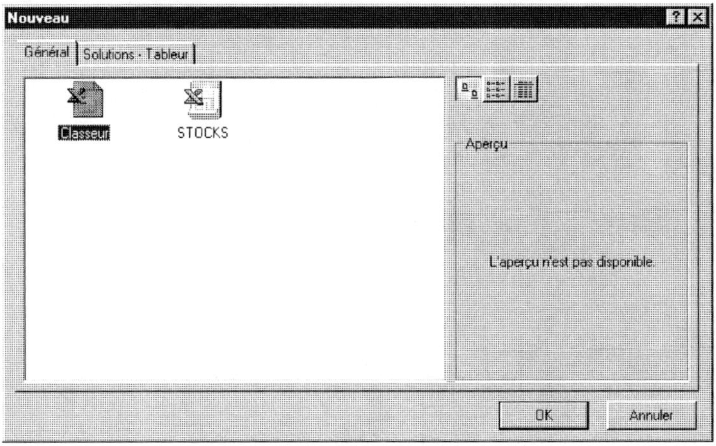

- Faites un double clic sur le nom du modèle à utiliser. Lors de l'ouverture d'un modèle, Excel copie son contenu dans une nouvelle feuille.
- Entrez les informations de la nouvelle feuille et enregistrez le nouveau document créé.

5.5 Les plans

A-Créer le plan d'un tableau

Lorsque le détail des calculs ne vous intéresse pas, créer un plan vous permet de visualiser ou d'imprimer uniquement les résultats principaux.

De manière automatique

- Sélectionnez le tableau concerné.
- **Données - Grouper et créer un plan - Plan automatique**

Manuellement

- Sélectionnez les lignes (ou les colonnes) à masquer.
- Cliquez sur l'outil de la barre d'outils **Tableau croisé dynamique**.

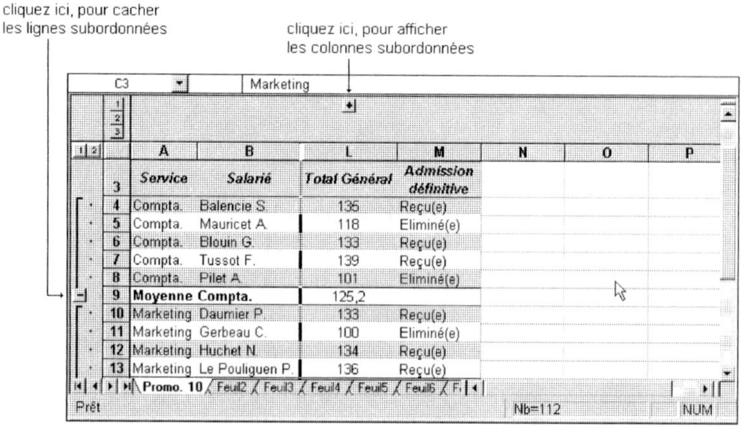

⇨ *Utilisez les outils ou pour retirer ou pour ajouter une ligne ou une colonne au plan.*

B-Détruire un plan

- Sélectionnez le tableau concerné.
- **Données - Grouper et créer un plan - Effacer le plan**

6

6.1 L'impression

A-Lancer l'impression d'une feuille

- Activez la feuille à imprimer puis cliquez sur l'outil .

B-Imprimer partiellement une feuille

- **Fichier** - **Imprimer** (Ctrl **P**) ou cliquez sur le bouton **Imprimer** de l'aperçu.

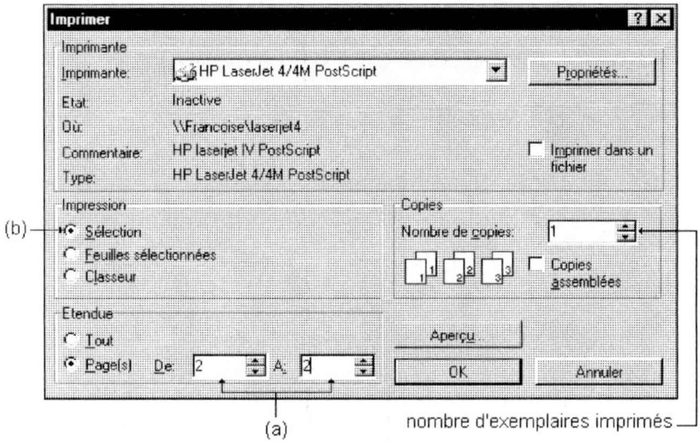

(a) permet d'imprimer un groupe de pages.
(b) imprime la sélection active.

C-Créer une zone d'impression

La zone d'impression correspond à la partie de la feuille qui doit être imprimée.

- Sélectionnez les cellules concernées.
- **Fichier - Zone d'impression - Définir**

⇨ *Excel mémorise la dernière zone d'impression créée.*

⇨ *Pour supprimer la zone d'impression, faites **Fichier - Zone d'impression - Annuler**.*

IMPRESSION

D-Gérer des sauts de page manuels

- Activez la cellule à partir de laquelle vous souhaitez commencer une nouvelle page.
- **Insertion** - **Saut de page**

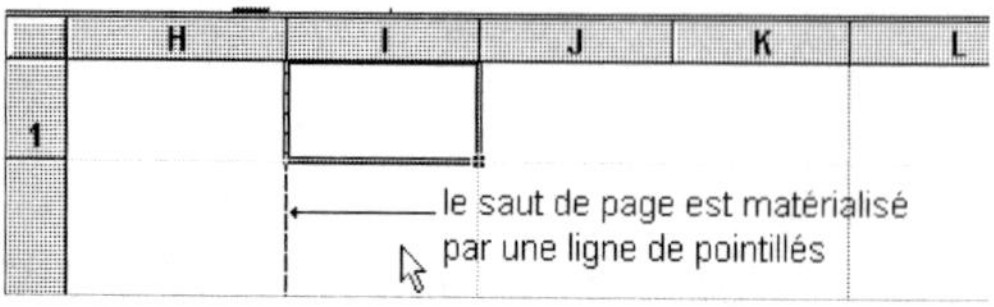

⇨ *Pour supprimer ce type de saut de page, activez une cellule de la ligne (ou de la colonne) qui le suit et faites **Insertion - Supprimer le saut de page**.*

E-Rappeler des titres sur chaque page

- **Fichier** - **Mise en page**
  Onglet **Feuille**
- Activez la zone **Lignes à répéter en haut** et sélectionnez les lignes à figer, et/ou activez la zone **Colonnes à répéter à gauche** et sélectionnez les colonnes à figer.
- Sélectionnez dans la feuille les lignes et/ou les colonnes à répéter.

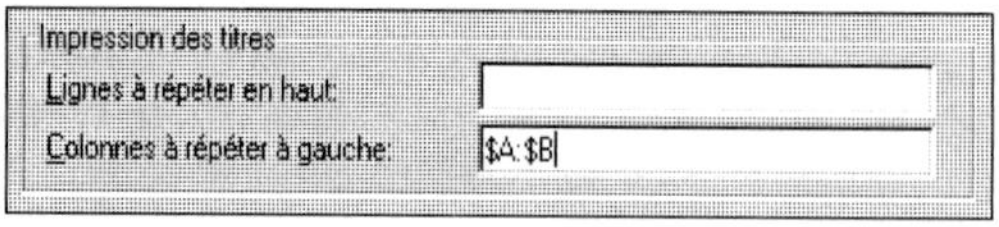

F-Modifier l'échelle d'impression

- **Fichier** - **Mise en page**
  Onglet **Page**

- Indiquez le pourcentage de réduction ou d'agrandissement (a) ou activez l'option **Ajuster** (b) et précisez le nombre de pages souhaité pour l'impression.

G-Visualiser une feuille telle qu'elle sera imprimée

Lancer l'aperçu

- **Fichier**
  Aperçu avant impression

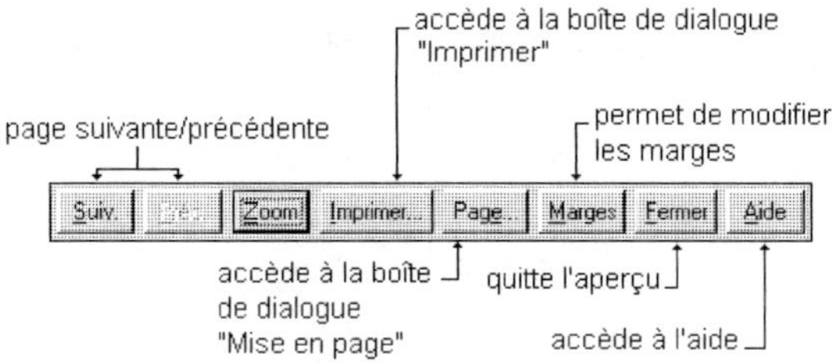

Boutons du mode Aperçu

- Pour zoomer l'aperçu, placez la souris sur la partie à agrandir puis cliquez.
- Pour modifier les marges et les largeurs des colonnes cliquez sur le bouton **Marges** :

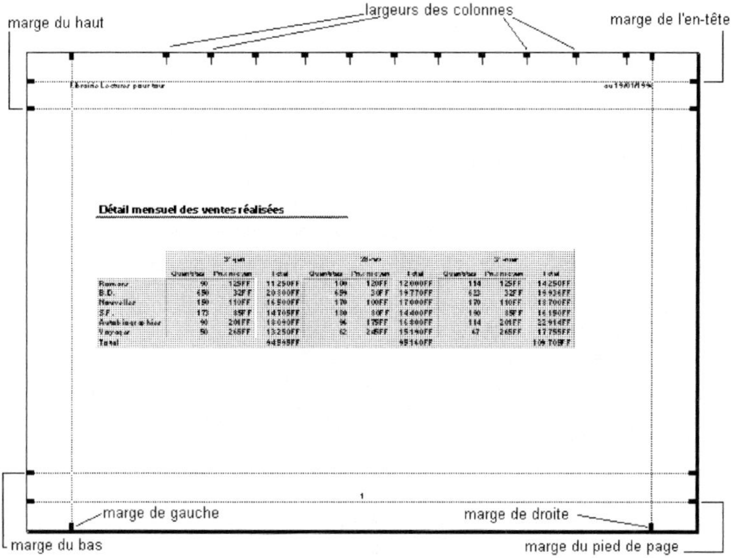

- Faites glisser la poignée de votre choix.

6.2 La mise en page

A-Modifier les options de mise en page

- **Fichier** - **Mise en page** ou bouton **Page** de l'aperçu.
- Pour modifier les marges, définissez-les dans l'onglet **Marges** :

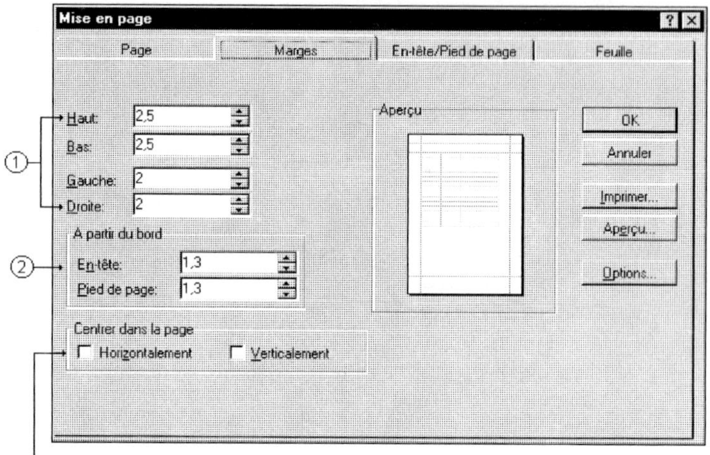

permet de centrer le tableau dans la largeur
et/ou dans la hauteur de la page

① Déterminez les marges de l'impression.

② Indiquez la position de l'en-tête et du pied de page.

- Choisissez l'**Orientation** de la page dans l'onglet **Page** :

- Annulez l'impression du quadrillage des cellules en désactivant l'option correspondante de l'onglet **Feuille** :

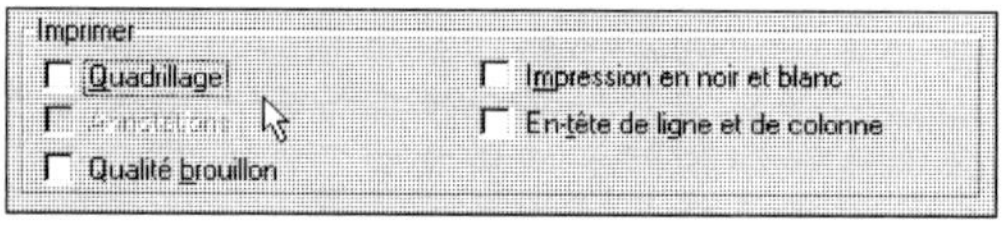

B-Créer des en-têtes et des pieds de page

- **Fichier - Mise en page** ou bouton **Page** de l'aperçu
  Onglet **En-tête/Pied de page**
- Cliquez dans les boutons **En-tête personnalisé** et/ou **Pied de page personnalisé**.

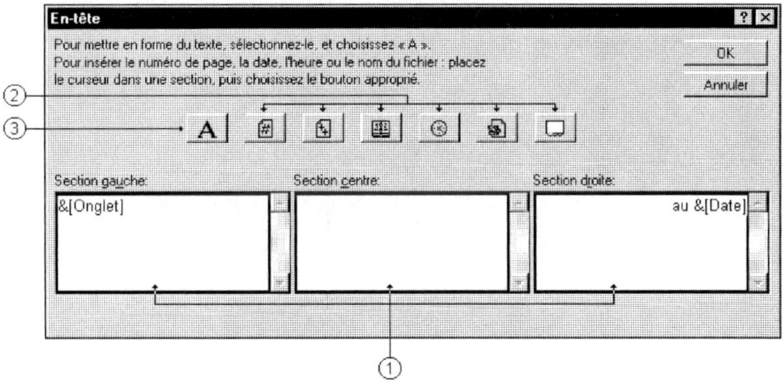

① Entrez le contenu à imprimer dans la zone de saisie correspondant à la position attendue (pour créer un contenu sur plusieurs lignes, utilisez la touche Entrée).

② Pour insérer des contenus particuliers, cliquez sur les boutons correspondants :

[#]	Numéro de la page	[horloge]	Heure d'impression
[fichier]	Nom du fichier	[calendrier]	Date du jour d'impression
[pages]	Nbre total de pages	[onglet]	Nom de l'onglet.

③ Mettez en valeur le contenu saisi en utilisant A.

⇨ *L'onglet En-tête/Pied de page contient aussi des listes d'en-têtes et de pieds de page prédéfinis que vous pouvez sélectionner (ils sont imprimés au centre des pages).*

IMPRESSION

6.3 Les vues et rapports

A-Utiliser la technique des vues

Une vue permet de mémoriser une zone d'impression ainsi que des paramètres de mise en page. En appelant la vue, ces options sont alors automatiquement activées.

Créer une vue

- Préparez l'impression de la feuille (les mises en page, la zone d'impression, le masquage des colonnes).
- **Affichage - Gestionnaire de vues - Ajouter...**

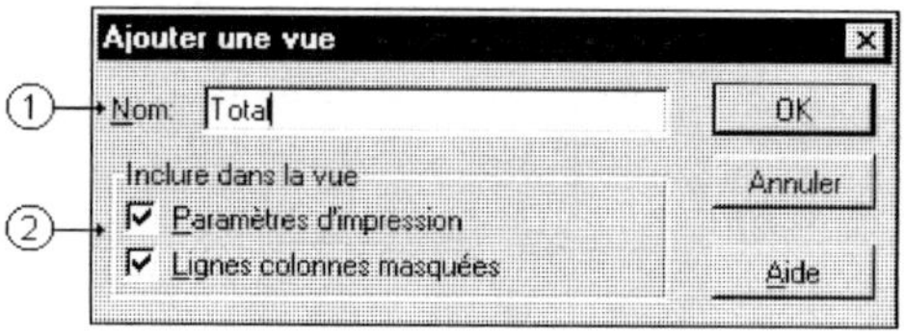

① Entrez le nom de la vue en cours de création.

② Indiquez les éléments à mémoriser dans la vue.

Utiliser une vue

- **Affichage - Gestionnaire de vues**

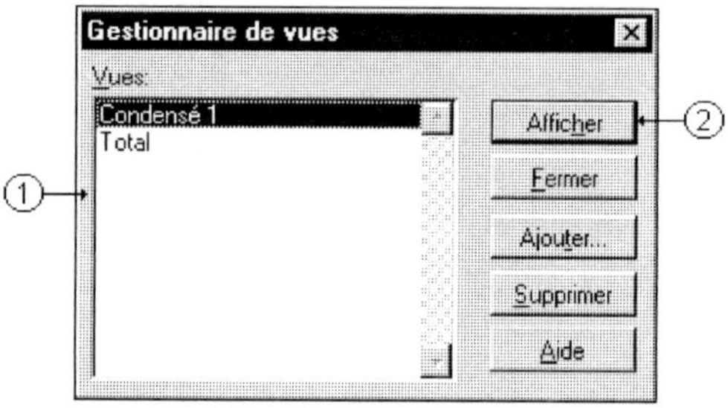

① Sélectionnez la vue.

② Activez la vue.

B-Créer un rapport

Un rapport permet d'automatiser l'impression consécutive des vues.

- **Affichage - Gestionnaire de rapports...**
- Cliquez sur le bouton **Ajouter**.

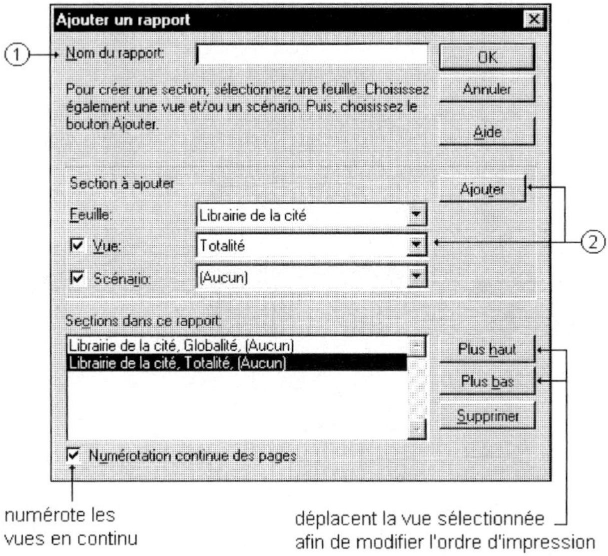

① Donnez un nom au rapport.

② Pour chaque vue à incorporer au rapport, sélectionnez son nom puis cliquez sur **Ajouter**.

C-Gérer les rapports

- **Affichage - Gestionnaire de rapports...**

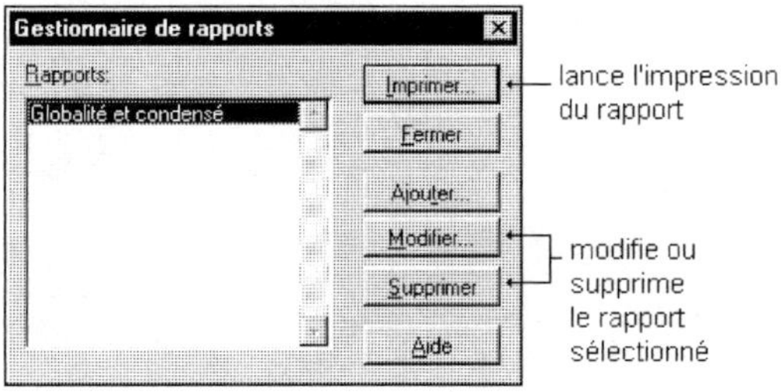

IMPRESSION

7

7.1 La création d'un graphique

A-Créer un graphique dans une feuille

*Ces graphiques sont dits **graphiques incorporés.***

- Cliquez sur .
- Réalisez un cliqué-glissé dans la zone de travail afin de tracer le futur cadre du graphique (utilisez la touche Alt si vous souhaitez respecter les largeurs de colonne et les hauteurs de ligne).
- Sélectionnez les données à intégrer au graphique ou tapez leurs références.

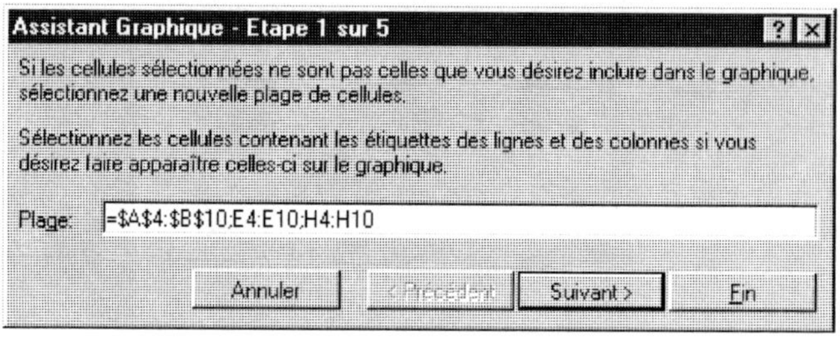

- Cliquez sur **Suivant>**.
- Faites un double clic sur le type de graphe à créer puis sur le format choisi.
- Au besoin, apportez des informations supplémentaires sur les séries et cliquez sur **Suivant >**.
- Si vous le souhaitez, ajoutez des titres et/ou refusez l'affichage d'une légende :

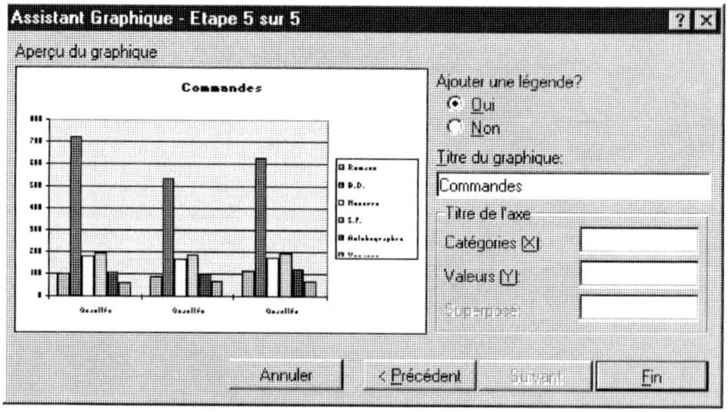

- Cliquez sur le bouton **Fin**.

⇨ *Pour activer un graphique incorporé, cliquez deux fois dessus (si le graphique n'était pas entièrement visible avant de l'activer, il s'affiche dans une fenêtre). Pour désactiver le graphique, fermez la fenêtre ou, si celui-ci est visible dans la feuille, cliquez dans une cellule quelconque.*

B- Créer un graphique dans une feuille graphique

- **Insertion - Graphique - Comme nouvelle feuille**
- Sélectionnez les données à intégrer au graphique puis cliquez sur **Suivant**.
- Suivez les étapes permettant la création du graphique.

⇨ *Vous pouvez copier cet élément graphique dans une feuille de calcul, il devient alors un graphique incorporé.*

C- Les différents éléments d'un graphique

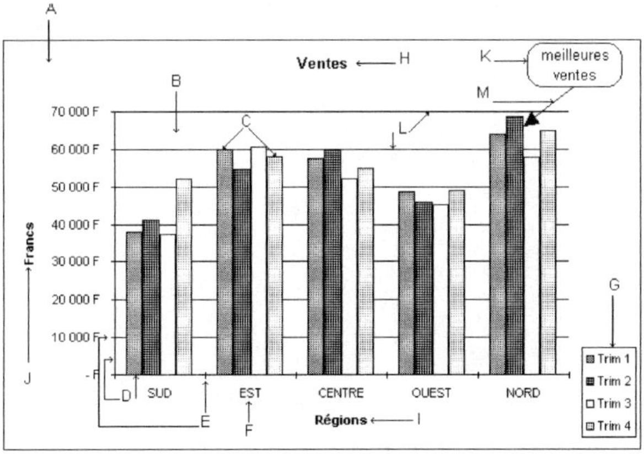

GRAPHIQUES

Élément		Pour sélectionner
A	Graphique	cliquer dans le graphique en dehors d'un élément.
B	Zone de traçage	cliquer dans la zone en dehors d'un élément.
C	Marques de données	pour sélectionner les points : Ctrl cliquer sur une marque de donnée après un clic sur la marque de donnée pour sélectionner la série : cliquer sur l'une des marques de données de la série.
D	Axes	cliquer sur l'une des étiquettes de graduation.
E	Marques de graduation	pas de sélection.
F	Etiquettes de graduation	
G	Légende	cliquer sur l'élément.
H	Titre du graphique	
I	Titre de l'axe des abscisses	
J	Titre de l'axe des ordonnées	
K	Texte indépendant	
L	Quadrillage	cliquer sur l'une des droites.
M	Flèche	cliquer sur cet élément.

⇨ *Le nom de l'élément graphique sélectionné est visible dans la barre de formule.*

D- Mettre en page un graphique

Fichier - Mise en page...

En plus des options courantes intervenez, au besoin, sur la **Taille du graphique imprimé** grâce à l'onglet **Graphique**.

7.2 Les options d'un graphique

A-Changer de type de graphe

Format - Format automatique

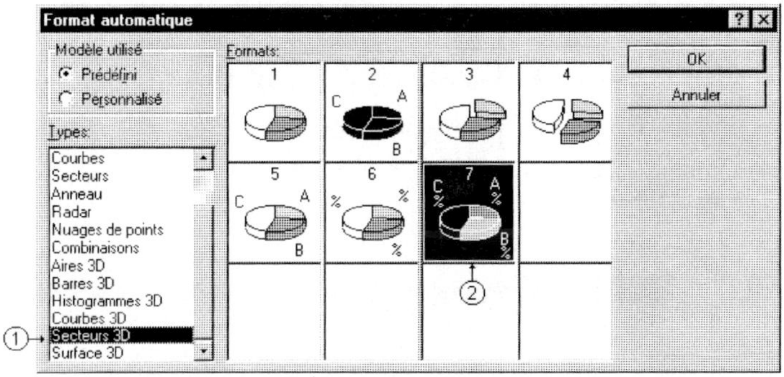

① Choisissez le type du graphique.

② Faites un double clic sur le format de votre choix.

⇨ *La liste de la barre d'outils des graphiques permet de changer de type de graphe mais elle ne permet pas de choisir parmi les différents formats automatiques.*

B-Manipuler les graphiques sectoriels

Opérer une rotation

Format - Groupe Secteurs ou **Groupe Secteurs 3D**
Onglet **Options**

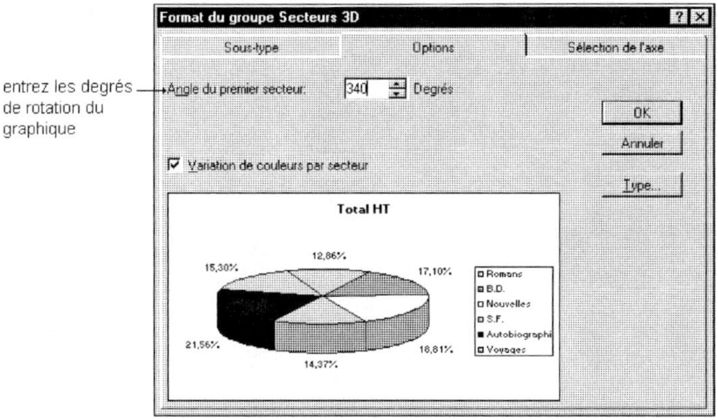

Éclater une part

Sélectionnez la part à éclater puis déplacez-la à l'aide d'un cliqué-glissé.

C-Quadriller un graphique

- Cliquez sur de la barre d'outils **Graphique**.

⇨ *Si vous cliquez de nouveau sur l'outil, l'affichage est supprimé.*
Pour obtenir un quadrillage horizontal et/ou vertical, utilisez ***Insertion - Quadrillage.***

D-Intervenir sur l'échelle d'un graphique

- Sélectionnez l'axe des ordonnées.
- **Format - Axe sélectionné** (ou Ctrl **1**)
  Onglet **Echelle**
- Déterminez les paramètres de l'échelle.

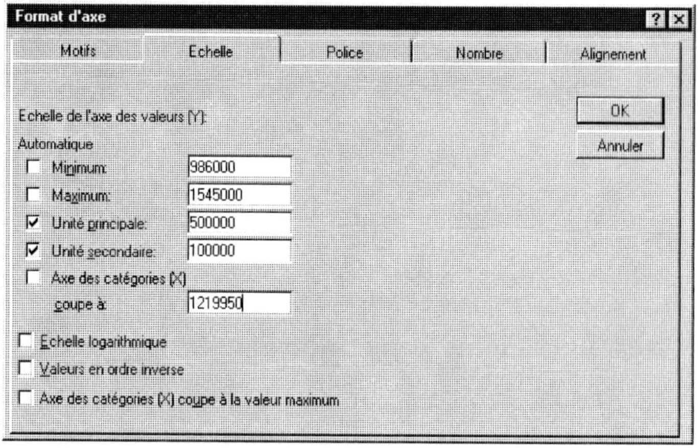

E-Modifier l'affichage des étiquettes de graduation

- Sélectionnez l'axe pour lequel les étiquettes de graduation doivent être modifiées.
- **Format - Axe sélectionné** (ou Ctrl **1**)

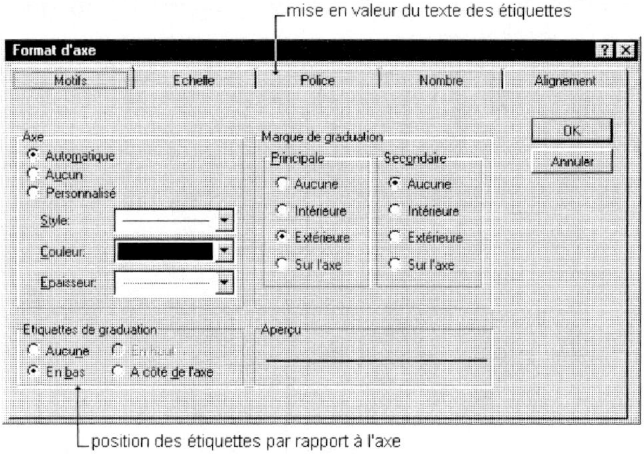

F- Modifier le contenu des étiquettes des abscisses

- Sélectionnez la première série du graphique.
- Dans la barre de formule, au niveau du deuxième argument de la fonction SERIE(), réalisez l'une des manipulations suivantes en fonction de votre attente :

Résultat	Manipulation	Exemples
étiquettes toujours liées à une feuille	Entrez le nom de la feuille et les caractéristiques de la zone qui contient les étiquettes à afficher.	'Année 92'!$B$4:$E$4
pas d'étiquettes	Supprimez entièrement le deuxième argument et tapez "" à la place.	
étiquettes libres	Entrez les textes à afficher séparés par un point (.) et entourez le tout d'accolades.	{"AN 1"."AN 2"."AN 3"}

G-Gérer les marques de graduation des axes

- Sélectionnez l'axe concerné puis **Format - Axe sélectionné** (ou Ctrl **1**).

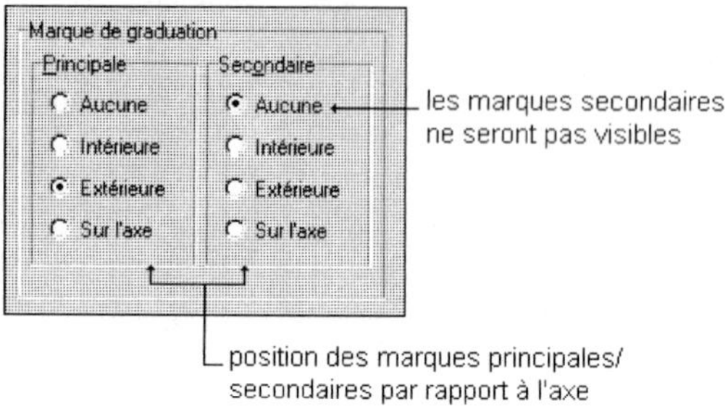

H-Intervenir sur la superposition des barres

- **Format - Type de graphique...**
- Cliquez sur le bouton **Options** puis, au besoin, sur l'onglet **Options**.

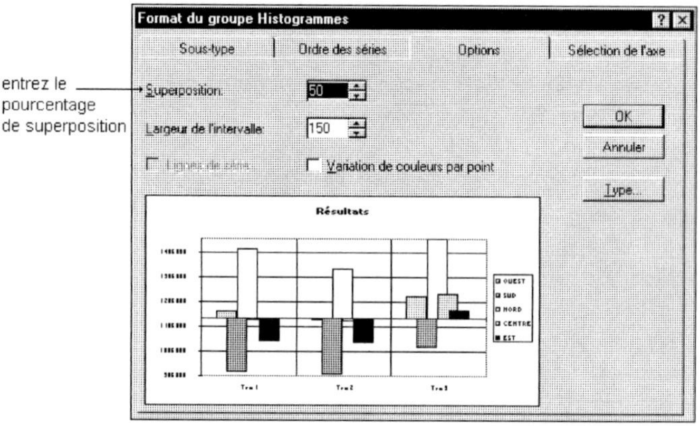

I- Relier les points d'un graphique linéaire

- **Format - Type de graphique**
- Bouton **Options** puis onglet **Options**

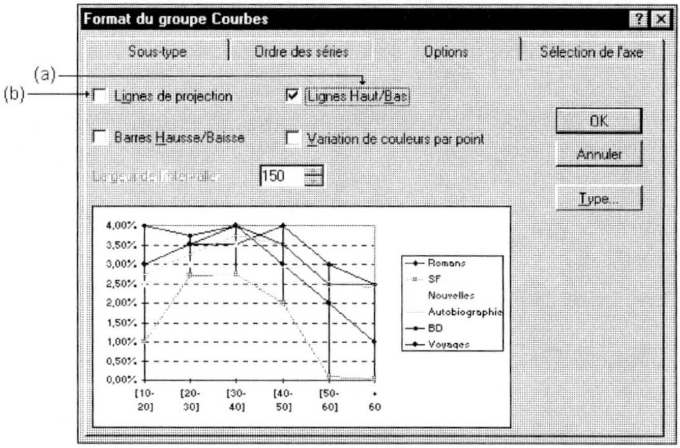

Choisissez :

(a) pour relier les points entre eux.

(b) pour relier les points à l'axe des abscisses.

J- Modifier le format d'un graphique 3D

Format -Vue 3D...

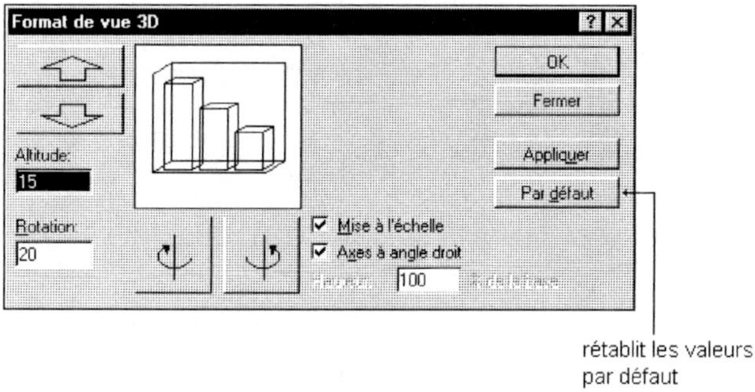

7.3 Les options des éléments d'un graphique

A- Mettre en valeur le texte d'un élément

- Sélectionnez l'élément, utilisez la barre d'outils ou la première option du menu **Format**.
- Pour modifier le format des nombres, sélectionnez l'élément et procédez comme pour le format des nombres d'une feuille de calcul.

GRAPHIQUES

B-Encadrer/colorier/tramer un élément

- Faites un double clic sur l'élément concerné.

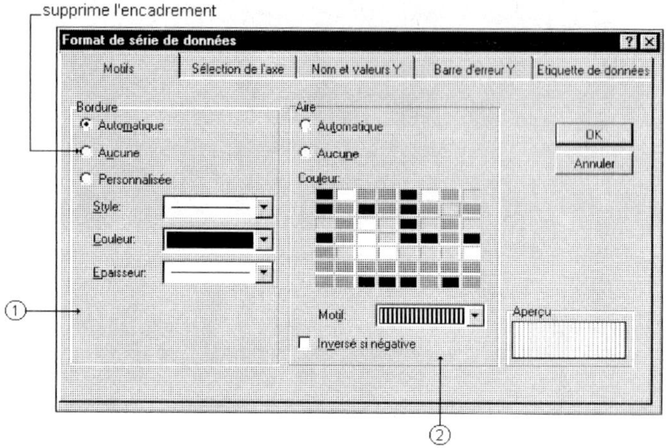

① Définissez l'encadrement.

② Sélectionnez la couleur et la trame.

C-Gérer les éléments d'un graphique

- Pour dimensionner ou déplacer l'élément, sélectionnez-le et faites un cliqué-glissé : à partir de l'un des carrés de la sélection pour dimensionner ou à partir de l'un des bords pour le déplacer.
- Pour supprimer l'élément sélectionné, tapez [Suppr].

D-Ajouter du texte dans un graphique

Un titre

- **Insertion - Titre**

- Activez tous les titres à afficher puis **OK**.
- Tapez votre propre titre et validez.

Un texte lié à un point d'une série

- Sélectionnez le point concerné puis **Insertion - Etiquette de données**

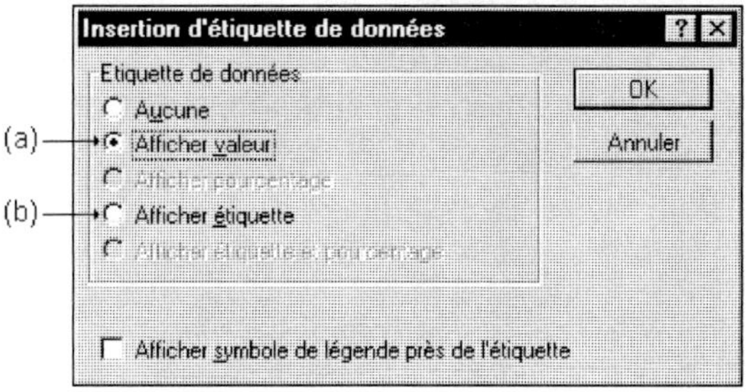

- Choisissez (a) ou (b) puis **OK**.
- Au besoin, tapez immédiatement le texte à afficher.

Du texte indépendant

- Ne soyez pas en sélection d'un élément de type Texte.
- Réalisez votre saisie et validez par [Entrée].

⇨ *Pour modifier ce texte, sélectionnez l'élément, cliquez dans le texte, faites vos modifications puis tapez* [Echap] .

⇨ *Pour saisir ces trois types de texte sur plusieurs lignes, faites* [Ctrl][Entrée] *à chaque changement de ligne.*

E- Insérer un texte d'une feuille dans un graphique

- Sur le graphique, ne soyez en sélection d'aucun élément de type texte.
- Tapez =
- Sélectionnez le texte à insérer puis validez.
- Déplacez l'élément texte ainsi créé.

⇨ *Ce texte sera mis à jour à chaque changement du contenu de la cellule de la feuille de calcul.*

F- Gérer la légende

- Pour insérer la légende, utilisez **Insertion - Légende** (ou).
- Pour la supprimer, sélectionnez-la puis tapez [Suppr].
- Pour la déplacer, **Format - Légende sélectionnée** (ou [Ctrl] **1**) Onglet **Emplacement**

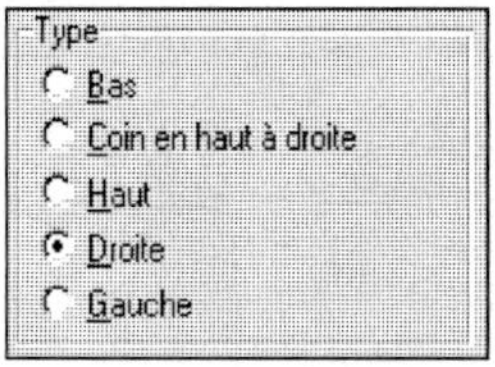

7.4 Les objets graphiques

A-Dessiner une figure

- Affichez la barre d'outils **Dessin**.
- Cliquez sur l'outil correspondant à la figure à dessiner (la description de la barre **Dessin** se trouve en Annexe A).
- Faites un clique-glissé dans la zone de travail de façon à tracer la figure. Utilisez la touche [Alt] pour aligner les figures sur le quadrillage des cellules.

⇨ *Maintenir la touche [⇧ Shift] enfoncée lorsque vous dessinez une figure permet de tracer un cercle, un carré ou un arc de cercle parfait ainsi qu'un trait parfaitement horizontal, vertical ou en diagonal.*

B-Créer une zone de texte

Une zone de texte vous permet d'effectuer de longues saisies :

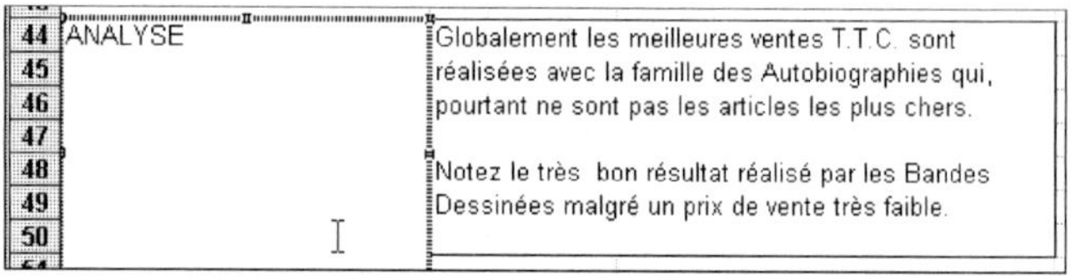

- Cliquez sur puis tracez la zone de texte.
- Saisissez le texte au kilomètre en utilisant [Entrée] pour créer un nouveau paragraphe.
- Faites [Echap] pour mettre fin à la saisie.

⇨ *Vous pouvez mettre en valeur les caractères saisis.*

C-Gérer les objets graphiques

- Pour sélectionner plusieurs objets, cliquez sur le premier et maintenez la touche [⇧ Shift] enfoncée pour sélectionner les objets suivants.
- Pour supprimer des objets, sélectionnez-les puis tapez [Suppr].
- Pour modifier les dimensions d'un objet graphique, faites glisser une des poignées de la sélection.
- Pour déplacer un objet graphique, pointez un des bords et faites glisser.
- Utilisez l'outil pour grouper les objets sélectionnés (ils forment alors un groupe); pour dissocier un groupe, utilisez .
- Pour modifier l'ordre de superposition des objets, sélectionnez l'objet à mettre en premier ou en arrière-plan puis cliquez sur l'outil ou sur l'outil de la barre d'outils **Dessin**.

7.5 Les séries et les points

A-Ajouter/supprimer une série de données

- Pour ajouter une série dans un graphique incorporé, sélectionnez les données et faites glisser vers le graphique. Si le graphique se trouve dans une feuille graphique, copiez les données vers le graphique grâce au Presse-Papiers.
- Pour supprimer une série de données, sélectionnez-la et tapez [Suppr].

B-Modifier l'ordre des séries

- Sélectionnez la série à déplacer afin de faire apparaître la fonction SERIE() dans la barre de formule :

```
=SERIE('Année 1991'!$A$10;'Année 1992'!$B$4:$E$4;'Année 1991'!$B$10:
$E$10;2)
```

modifiez le numéro d'ordre de la série

C-Supprimer un point d'une série

- Sélectionnez la série concernée.
- Modifiez le troisième argument de la fonction SERIE() de façon à retirer la référence de la cellule correspondant à ce point.

```
=SERIE('Année 1991'!$A$5;'Année 1991'!$B$4:$F$4;'Année 1991'!$B$5:$E$5;1)
```

Le point correspondant à la cellule F5 a été retiré

D-Annuler les liens graphique/feuille de calcul

- Pour chaque série de données :
  - » sélectionnez la série,
  - » sélectionnez tout ce qui apparaît dans la barre de formule,
  - » tapez [F9] et validez.

7.6 Data Map

Ce logiciel permet de représenter les données d'un tableau sur une carte géographique.

A- Créer une carte

- Sélectionnez les données à représenter puis cliquez sur [icône].
- Sélectionnez la plage de cellules où la carte doit apparaître.
- Choisissez la carte à créer dans la boîte de dialogue **Cartes disponibles** puis validez.

  *La carte apparaît dans le cadre tracé, la boîte de dialogue **Panneau de configuration** apparaît ainsi qu'une nouvelle barre d'outils et une nouvelle barre de menus, indiquant que le logiciel Data Map est lancé.*
- Cliquez en dehors de la carte sur la feuille de calcul pour quitter Data Map.

⇨ *Pour modifier une carte, faites un double clic dans le cadre de la carte pour lancer Data Map.*

B-Les éléments de la fenêtre Data Map

Description du Panneau de configuration

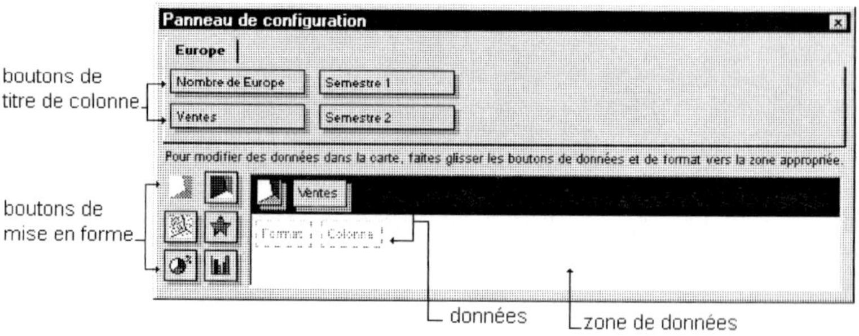

Description de la barre d'outils

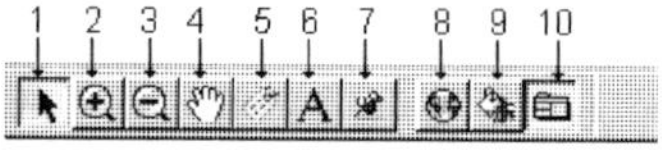

(1) pointeur
(2) zoom avant
(3) zoom arrière
(4) déplace la carte
(5) crée des étiquettes
(6) saisie de texte
(7) repères de carte personnalisé
(8) affiche la carte entière

(9) redessine la carte
(10) affiche/masque le panneau de configuration.

⇨ *Pour modifier le zoom d'affichage, sélectionnez les boutons ou puis faites un cliqué-glissé sur la zone à zoomer.*

C-Modifier l'apparence d'une carte

Modifier les couleurs d'une donnée

- Faites un double clic sur la ligne de données dont les couleurs sont à modifier puis choisissez la couleur désirée dans la liste **Couleur**.
- Cliquez sur **OK**.

Modifier la mise en forme d'une donnée

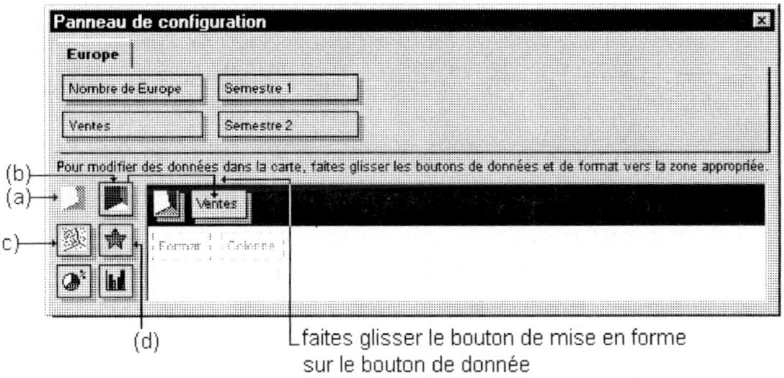

(a) représente les données avec une même couleur mais des motifs différents.
(b) représente les données avec des couleurs différentes.
(c) représente les données sous forme de points.
(d) représente les données sous forme de symboles.

Représenter des données par un histogramme/secteur

- Faites glisser les boutons ou sur le bouton **Format** puis faites glisser le bouton de titre de colonne concerné sur le bouton **Colonne**.

D-Modifier les données d'une carte

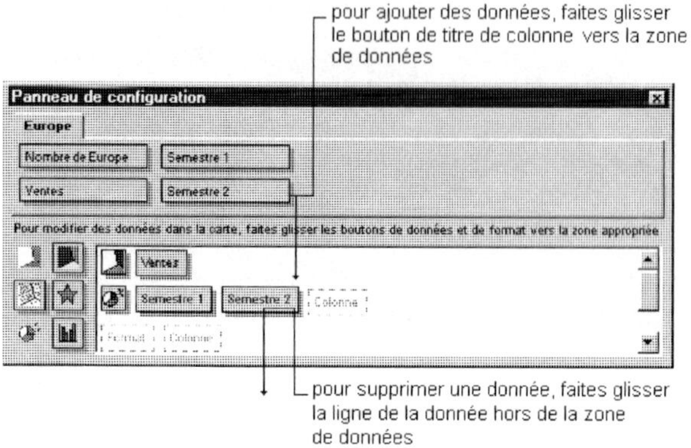

⇨ *Dès que le pointeur de la souris sort de la zone de données, il se transforme en corbeille.*

⇨ *Pour ajouter des données externes, faites* Insertion - Données *avant de sélectionner les cellules contenant les données à ajouter.*

Déplacer la carte à l'intérieur du cadre

- Cliquez sur [main] et effectuez un cliqué-glissé avec le pointeur (il prend la forme d'une main) à l'intérieur du cadre à l'emplacement choisi.

E-Gérer le texte d'une carte

Gérer les éléments texte

- Pour sélectionner un élément texte, cliquez dessus.
- Pour déplacer un élément texte, sélectionnez-le puis faites-le glisser.
- Pour supprimer un élément texte, sélectionnez-le, puis tapez [Suppr].

⇨ *Pour modifier le texte d'une légende, faites un double clic sur la légende puis saisissez le nouveau texte de la légende dans la zone* **Titre raccourci.**

Afficher des étiquettes

- Cliquez sur .

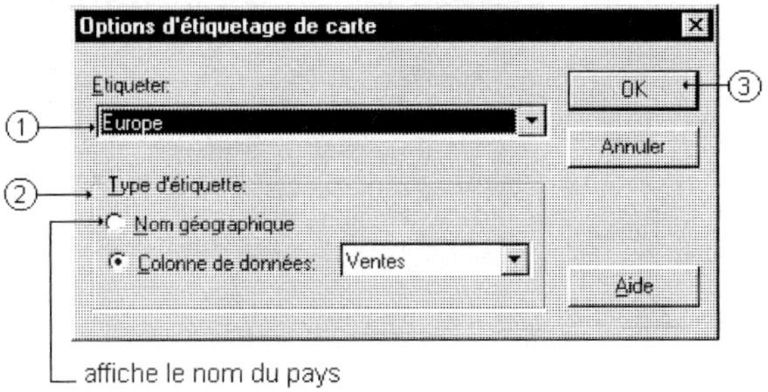

① Indiquez quelle carte doit être étiquetée.

② Précisez le type d'étiquette.

③ Cliquez sur **OK**.

- Pour inclure l'étiquette dans la carte, cliquez à l'endroit où vous souhaitez qu'elle apparaisse.

F-Ajouter des caractéristiques

- **Carte - Caractéristiques**

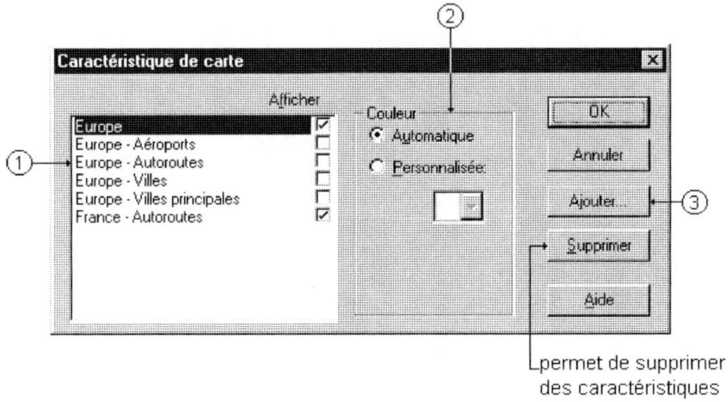

① Choisissez les caractéristiques désirées.

② Choisissez la couleur.

③ Créez les caractéristiques.

- Procédez de la même façon pour ajouter toutes les caractéristiques puis cliquez sur **OK**.

Enregistrer un modèle de carte

Carte - Enregistrer le modèle de carte

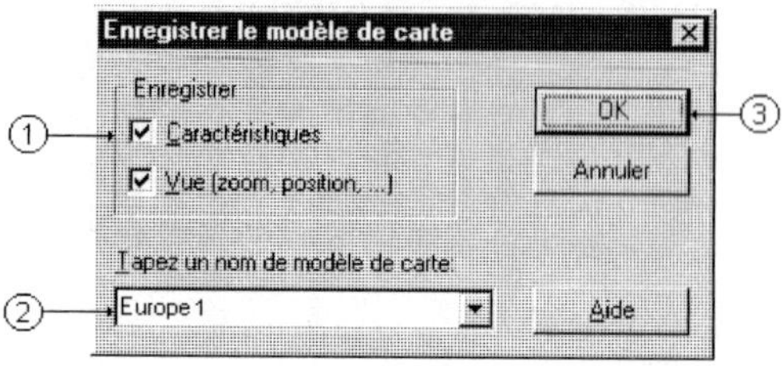

① Choisissez ce qui doit être enregistré dans le modèle.

② Entrez le nom du modèle.

③ **OK**

⇨ *Pour supprimer un modèle de carte, faites **Carte - Supprimer le modèle de carte.***

8.1 Les principes d'une base de données

A-Le vocabulaire "base de données"

- Chaque information connue constitue un **champ** :

champs

fiches

Equipe	Commerciaux	Région	Dates	Ventes
Le Marchand	10	Centre	10/01/1992	100 833.00 F
Carlson	10	Ouest	10/01/1992	104 167.00 F
Dupré	11	Nord	10/01/1992	152 500.00 F
Allain	7	Sud	10/01/1992	83 333.00 F
Herman	9	Est	10/01/1992	93 750.00 F
Le Marchand	10	Ouest	17/01/1992	10 400.00 F
Le Marchand	10	Centre	17/01/1992	80 837.00 F
Carlson	10	Ouest	17/01/1992	93 764.00 F
Allain	7	Centre	17/01/1992	20 000.00 F
Allain	7	Sud	17/01/1992	83 337.00 F
Herman	9	Est	17/01/1992	46 875.00 F
Dupré	11	Nord	17/01/1992	122 500.00 F
Dupré	11	Nord	24/01/1992	100 000.00 F

B-Utiliser la grille de saisie

Accéder à la grille

- Cliquez dans le tableau conçu pour être une base de données.
- **Données - Grille...**

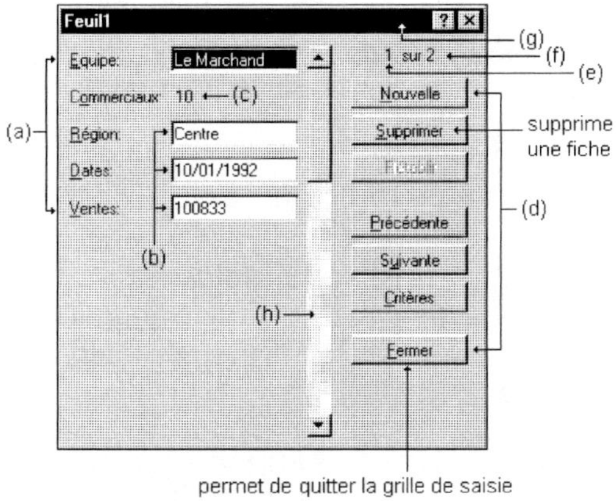

(a)	Noms des champs.
(b)	Zones de saisie des contenus des champs.
(c)	Zones d'affichage du contenu des champs calculés.
(d)	Cases de commande.
(e) (f)	Indicateurs de position : n° de la fiche visualisée et nombre total de fiches.
(g) (h)	Barre de titre et barre de défilement verticale.

⇨ *Dès l'accès à une grille de saisie, c'est toujours la première fiche qui est visualisée.*

C-Gérer les fiches

- Pour ajouter une fiche, cliquez sur le bouton **Nouvelle** ; renseignez chaque nouvelle fiche, [⇄] et [⇧ Shift][⇄] permettent de se déplacer de zone en zone après chaque donnée (sauf après la dernière).
- Validez les données saisies par [Entrée].
- Pour changer de fiche, utilisez la barre de défilement ou le clavier :

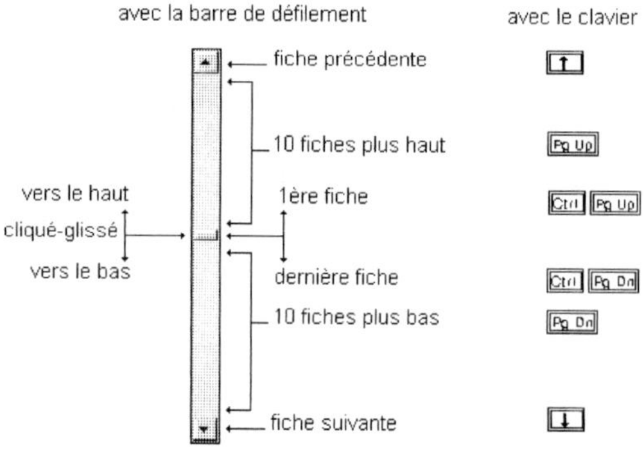

- Pour modifier une fiche, accédez à la fiche, faites vos modifications et validez par [Entrée] (le bouton **Rétablir** permet de retrouver les anciennes valeurs).

⇨ *La dernière fiche est toujours une éventuelle nouvelle fiche.*

Atteindre une fiche précise

- Accédez soit à la première fiche, soit à la dernière.
- Cliquez sur **Critères**.
- Posez les conditions de recherche comme pour remplir une fiche, mais ne validez pas par [Entrée].

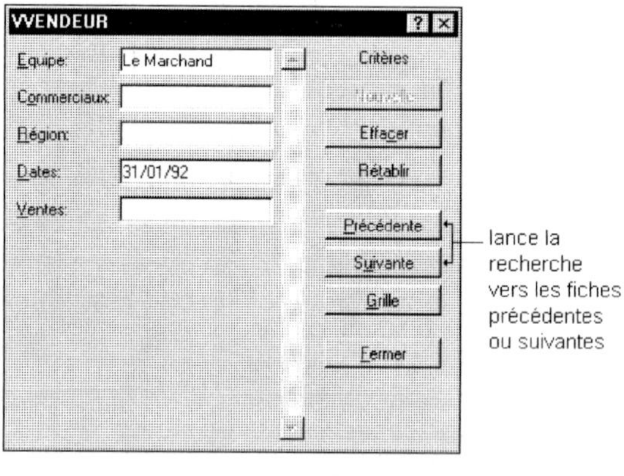

D-Trier les fiches

Données - Trier...

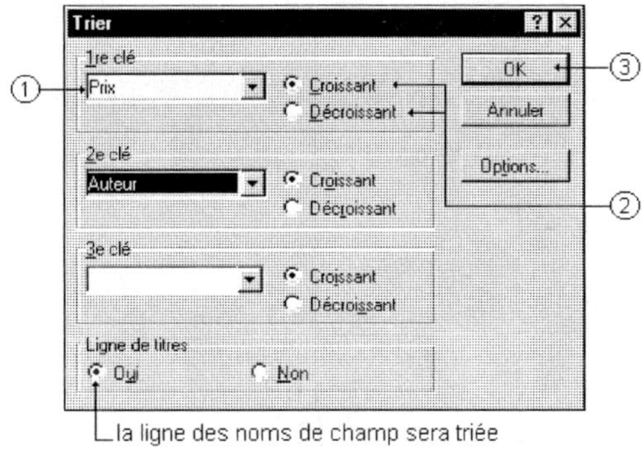

① Sélectionnez les noms des champs à utiliser comme clés de tri (la **1ère clé** étant la clé la moins significative).

② Pour chaque clé déterminez l'ordre de tri.

③ Lancez le tri.

8.2 Les filtres et tableaux croisés

A-Créer et utiliser un filtre simple

Un filtre permet de sélectionner les enregistrements répondant à un critère précis.

Données - Filtre - Filtre automatique

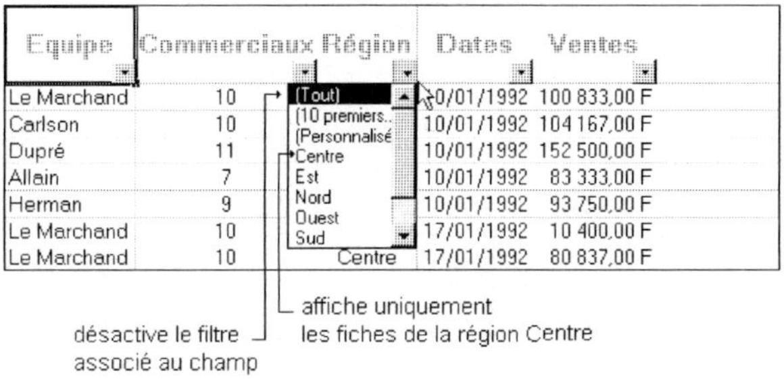

Chaque champ devient une liste pouvant être ouverte en cliquant sur la flèche vers le bas.

Pour filtrer selon la valeur d'un champ, ouvrez la liste du champ et cliquez sur cette valeur.

Filtrer sur des valeurs maximales ou minimales

- Ouvrez le champ concerné par la valeur du filtre et cliquez sur **10 premiers**.

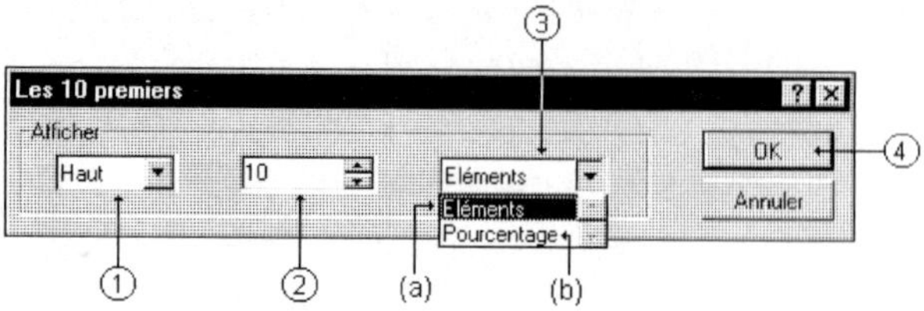

① Précisez si vous souhaitez des valeurs maximales ou minimales.
② Précisez le nombre d'enregistrements correspondant aux valeurs à afficher.
③ Choisissez :

(a) pour filtrer tous les enregistrements correspondant aux critères.

(b) pour filtrer un nombre de lignes correspondant au pourcentage du nombre de valeurs total de la liste.

④ Lancez le filtre.

Filtrer selon plusieurs critères

- Choisissez **Personnalisé...** dans la liste du champ concerné.

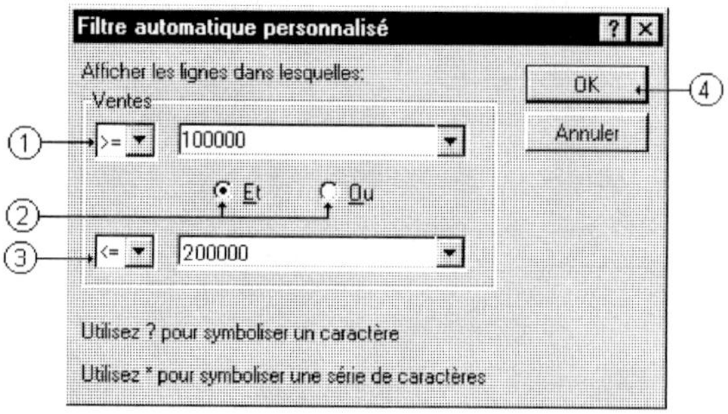

① Déterminez l'opérateur et la valeur correspondant au premier critère.
② Choisissez **Et** si les deux critères doivent être vérifiés simultanément ; choisissez **Ou** si l'un ou l'autre des critères doit être vérifié.
③ Définissez le second critère.
④ Effectuez la sélection.

⇨ *Pour combiner des critères portant sur plusieurs champs et reliés par un "Et", posez vos conditions sur chaque champ concerné.*

⇨ *Pour afficher de nouveau toutes les fiches, utilisez **Données - Filtre - Afficher tout**.*

B-Créer un filtre complexe

Créer une zone de critères

- Dans une zone vierge de la feuille de calcul, entrez sur la première ligne le nom des champs concernés et sur les lignes suivantes, les éventuels critères :

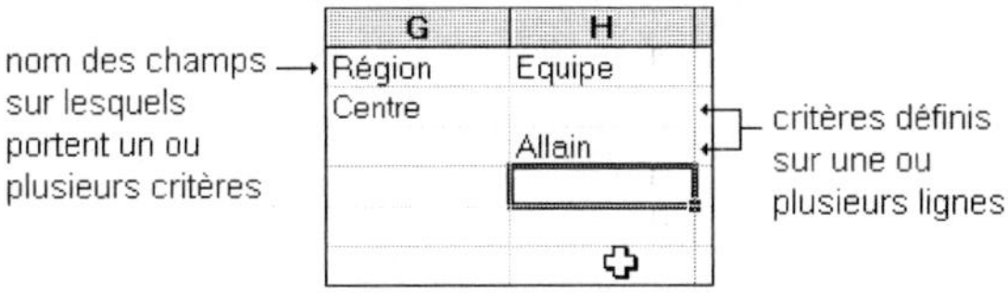

- Tapez les critères à respecter en prêtant attention aux consignes suivantes :

combinaison	technique
OU	les critères sont saisis sur plusieurs lignes
ET	les critères sont saisis sur plusieurs colonnes
OU et ET	les critères sont saisis sur plusieurs lignes et plusieurs colonnes.

Pour mieux cerner les combinaisons ET, OU consultez les exemples proposés ci-après :

Attentes	zones de critères	
fiches du Centre de l'Ouest et du Sud : Région Centre OU Région Ouest OU Région Sud	**Région**	
	Centre	
	Ouest	
	Sud	
fiches de la région Centre faites par le Marchand : Région Centre ET Equipe Le Marchand	**Région**	**Equipe**
	Centre	Le Marchand
Fiches de la région Centre faites par Le Marchand ou Allain ou Carlson : Région Centre ET (Equipe Le Marchand OU Equipe Allain OU Equipe Carlson)	**Région**	**Equipe**
	Centre	Le Marchand
	Centre	Allain
	Centre	Carlson

⇨ *Pour extraire MARTIN mais pas MARTINEZ, MARTINELLI..., tapez le critère ="=MARTIN".*

Utiliser une zone de critères

Filtrez à l'aide de la commande : **Données - Filtre - Filtre élaboré**

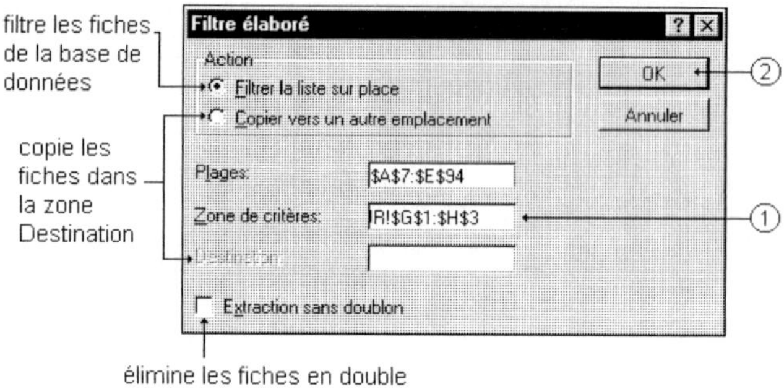

① Cliquez ici et sélectionnez la zone de critères dans la feuille de calcul.

② Lancez le filtre.

⇨ *Pour copier les fiches sélectionnées dans la feuille de calcul, la première ligne de la zone* ***Destination*** *doit contenir le nom des champs à extraire.*

C-Effectuer des statistiques sur les fiches

Créez la zone de critères adéquate puis utilisez les fonctions suivantes :

Fonction	Effet
BDNB(Bdd;;cr)	dénombrer les cellules.
BDSOMME(Bdd;"champ";cr)	additionner les valeurs du champ cité.
BDMOYENNE(Bdd;"champ";cr)	calculer la moyenne du champ cité.
BDMAX(Bdd;"champ";cr)	extraire la valeur maximale du champ cité.
BDMIN(Bdd;"champ";cr)	extraire la valeur minimale du champ cité.

Bdd — référence des cellules qui contiennent la liste des fiches (y compris les en-têtes de colonne).

"champ" — en-tête de la colonne.

cr — utilisez le mot "cr" si vous avez élaboré un filtre complexe ou utilisez les références des cellules qui contiennent la zone de critères.

D-Réaliser des tableaux croisés

Un tableau croisé dynamique est un tableau interactif qui permet de faire la synthèse et d'analyser les données provenant d'une liste ou d'un tableau existant.

- **Données - Tableau croisé dynamique**
- Suivez les instructions de l'**Assistant Tableau croisé dynamique**.
- Indiquez quelle est la source des données pour ce tableau croisé.
- Pour grouper des données numériques ou des dates/heures, cliquez avec le bouton DROIT de la souris sur le nom du champ concerné :

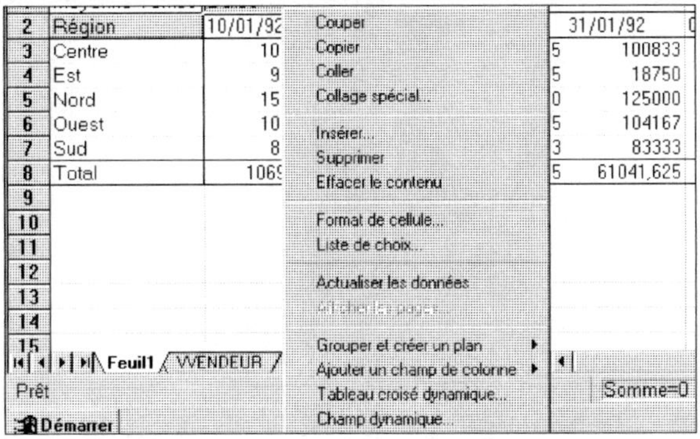

- Choisissez de **Grouper et créer un plan** puis de **Grouper**.
- Indiquez comment doit être fait le regroupement et validez.

⇨ *Pour modifier un tableau croisé, accédez au tableau et reprenez la commande qui a permis de le créer.*

⇨ *Pour mettre à jour les données du tableau croisé, cliquez avec le bouton droit dans le tableau et choisissez* ***Actualiser les données****.*

9.1 Les macro-commandes

A- Créer une macro-commande

- Si aucun document n'est ouvert : **Fichier - Enregistrer une macro**
  Si au moins un document est ouvert : **Outils - Enregistrer une macro**
- Au besoin, faites **Nouvelle macro**.

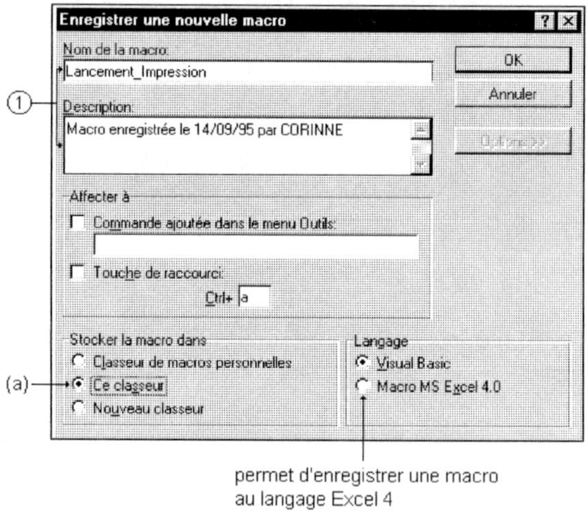

① Donnez un nom à la macro en cours de création et précisez un descriptif puis **OK**.

- Réalisez toutes les manipulations à automatiser par la macro-commande.
- Lorsque toutes les manipulations à enregistrer ont été réalisées, faites **Outils - Enregistrer une macro - Arrêter l'enregistrement**.

⇨ *Les macros ainsi enregistrées sont créées dans un document appelé PERSO.XLS qui est le recueil des macros personnelles. Cette feuille étant automatiquement ouverte au lancement d'Excel, les macros de ce type sont toujours accessibles.*

⇨ *Pour que la macro soit associée à un classeur existant, vous devez ouvrir celui-ci avant de la créer et utilisez le bouton **Options** de la boîte de dialogue **Enregistrer une nouvelle macro** pour définir le lieu de création de la macro (a) (les macros sont alors placées dans des feuilles appelées Module1, Module2).*

B-Utiliser une macro

- Si la macro a été conçue dans un classeur autre que PERSO.XLS, ouvrez-le.
- Si aucune feuille n'est ouverte : **Fichier - Macro**
  Si au moins une feuille est ouverte : **Outils - Macro**
- Faites un double clic sur la macro à exécuter.

C-Ouvrir une macro complémentaire

Ces macros sont fournies avec Excel mais ne sont pas disponibles directement.

- **Outils - Macro complémentaire...**

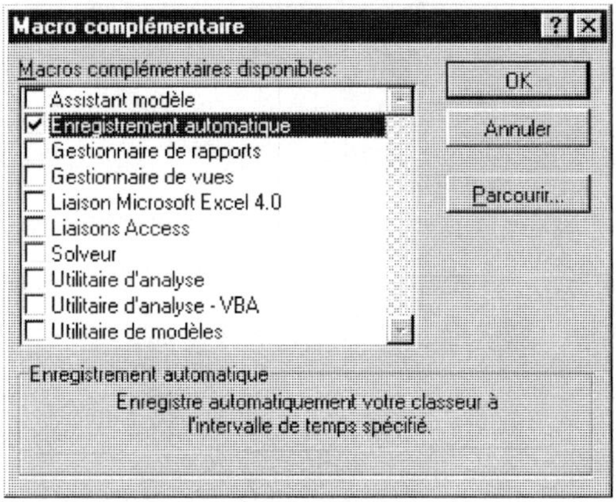

- Cochez les macros complémentaires à charger.

⇨ *Les macros complémentaires sont ventilées entre les différents menus d'Excel sous forme d'options.*

D-Lire le contenu d'une macro

- Atteignez la feuille macro qui contient la macro. Exemple :

```
'
' lancement_impression Macro
' Macro enregistrée le 01/02/1994 par ENI
'
'
Proc lancement_impression()
    FenêtreActive.FeuillesSélectionnées.ImprimerFichier Copies:=1
    ClasseurActif.Enregistrer
Fin Proc
```

⇨ *Sous Excel pour Windows 95, les macros sont écrites en **VisualBasic**.*

ACCÈS AUX MENUS ET OPTIONS

Menu contextuel de la sélection ⇧Shift F10

Système fenêtre du document

- Restauration Ctrl F5
- Déplacement Ctrl F7
- Dimension Ctrl F8
- Réduction Ctrl F9
- Agrandissement Ctrl F10
- Fermeture Ctrl F4 ou Ctrl **W**
- Fenêtre suivante Ctrl F6

Système fenêtre de l'application

- Fermeture Alt F4

Fichier

- Nouveau Ctrl **N** ou F4
- Ouvrir... Ctrl **O**
- Enregistrer Ctrl **S**
- Enregistrer sous F12
- Imprimer... Ctrl **P**
- Quitter Alt F4

Edition

- Annuler Ctrl **Z**
- Répéter Ctrl **Y**
- Couper Ctrl **X**
- Copier Ctrl **C**
- Coller Ctrl **V**
- Recopier
  - Vers le bas Ctrl **B**
  - A droite Ctrl **D**
- Supprimer Ctrl **-**
- Effacer
  - Contenu Suppr
- Rechercher Ctrl **F**
- Rechercher
  - Suivant ⇧Shift F4
  - Précédent Ctrl ⇧Shift F4
- Remplacer Ctrl **H**
- Atteindre F5 ou Ctrl **T**

Insertion

- Cellule, Ligne, Colonne Ctrl **+**
- Feuille de calcul ⇧Shift F11
- Graphique
  - Comme nouvelle Feuille F11
- Macro
  - Macro MS Excel 4.0 Ctrl F11
- Nom
  - Définir Ctrl F3
  - Coller F3
  - Créer ⇧Shift Ctrl F3
- Annotation ⇧Shift F2

Format

- Cellule, Objet, ...(pavé alpha) Ctrl **1**
- Ligne
  - Masquer Alt **"**
  - Afficher Alt **_**
- Colonne
  - Masquer Alt **(**
  - Afficher Alt **)**
- Style Alt **'**

Outils

Options
- Calcul
  - Calculer maintenant [F9]
  - Calculer document [⇧ Shift] [F9]

Orthographe [F7]

Données

Grouper et créer un plan
- Grouper [Alt] [⇧ Shift] [→]
- Dissocier le groupe [Alt] [⇧ Shift] [←]

Aide (?)

Somme de l'aide [F1]

COMBINAISONS DE TOUCHES DIVERSES

Saisies particulières

La date du jour	[Ctrl] ;
L'heure	[Ctrl] :
Formule de la cell. du dessus	[Ctrl] **K**
Valeur de la cell. du dessus	[Ctrl] **$**
Saut de ligne	[Alt] [Entrée]
Tabulation	[Ctrl] [Alt] [⇄]
Formule Somme automatique	[Alt] **=**
Formule matricielle	[Ctrl] [⇧ Shift] [Entrée]
Efface formules et données	[Suppr]

Barre de Formule

Accès au mode Modifier	[F2]
Début d'une formule	=
Suppression du point d'insertion jusqu'à la fin de la ligne	[Ctrl] [Suppr]
Annulation de la saisie	[Echap]
Validation	[Entrée]
Saisie en cours dans les cellules sélectionnées	[Ctrl] [Entrée]
Références absolues/relatives	[F4]
Après la saisie d'une fonction, affiche l'Assistant fonction	[Ctrl] **A**
Après la saisie d'une fonction, affiche les arguments	[Ctrl] [⇧ Shift] **A**

Mise en forme de cellule

Contour (pavé alphanumérique)	[Ctrl] **0**
Aucune bordure	[Ctrl] '
Attribut Gras	[Ctrl] **G**
Attribut Italique	[Ctrl] **I**
Attribut Souligné	[Ctrl] **U**
Attribut Barré	[Ctrl] **5**
Liste des polices	[Ctrl] [⇧ Shift] **P**

Format des nombres et des dates

Format numérique standard	[Ctrl] **R**
Format milliers à deux décimales (0,00)	[Ctrl] **!**
Format monétaire à deux décimales (# ##0,00 F)	[Ctrl] **M**
Format numérique exponentiel à deux décimales (0,00E + 00)	[Ctrl] **E**
Format date (jj/mm/aa)	[Ctrl] **J**
Format heure (h:mm AM/PM)	[Ctrl] **Q**

Le mode Plan

Dissocie une ligne ou une colonne d'un groupe	[Alt] [⇧ Shift] [←]
Associe une ligne ou une colonne à un groupe	[Alt] [⇧ Shift] [→]
Affiche/masque les symboles du plan	[Ctrl] **L**

Affichage

Affiche/masque la barre d'outils standard	Ctrl _ (trait soulignement)
Affiche les formules ou les valeurs	Ctrl "

Sélections

Toute la feuille	Ctrl A	Extension de sélection	F8
Colonne	Ctrl Espace	Ajout de sélection	⇧ Shift F8
Ligne	⇧ Shift Espace		

Sélections de cellules particulières

Cellules contenant une annotation	Alt X
Plage rectangulaire de cellules autour de la cellule active	Ctrl *
Totalité de la matrice à laquelle appartient la cellule active	Ctrl /
Cellules auxquelles les formules de la sélection font directement référence	Ctrl 8
Cellules auxquelles les formules de la sélection font directement ou indirectement référence	Ctrl 9
Cellules contenant des formules qui font directement référence à la sélection active	Ctrl 6
Cellules contenant des formules qui font directement ou indirectement référence à la sélection active	Ctrl 7
Cellules visibles dans la sélection en cours	Alt ;
Cellules des lignes sélectionnées dont le contenu est différent de la cellule de comparaison. Pour chaque ligne, la cellule de comparaison se trouve dans la même colonne que la cellule active	Ctrl (
Cellules des colonnes sélectionnées dont le contenu est différents de la cellule de comparaison. Pour chaque colonne, la cellule de comparaison se trouve dans la même ligne que la cellule active	Ctrl)

Déplacements d'une fenêtre à l'autre

Fenêtre suivante	Ctrl F6 ou Ctrl ⇆
Fenêtre précédente	Ctrl ⇧ Shift F6 ou Ctrl ⇧ Shift ⇆

Déplacements dans un classeur

Feuille suivante du classeur	Ctrl Pg Dn
Feuille précédente	Ctrl Pg Up
Volet suivant	F6
Volet précédent	⇧ Shift F6

La Barre Standard

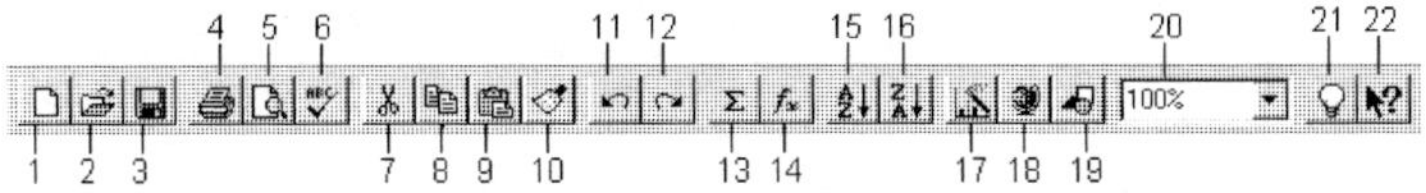

1	Nouveau classeur	12	Répéter
2	Ouvrir	13	Somme automatique
3	Enregistrer	14	Assistant Fonction
4	Imprimer	15	Trier dans l'ordre croissant
5	Aperçu avant impression	16	Trier dans l'ordre décroissant
6	Orthographe	17	Assistant Graphique
7	Couper	18	Carte
8	Copier	19	Dessin
9	Coller	20	Liste des possibilités de Zoom
10	Reproduire la mise en forme	21	Assistant Conseil
11	Annuler	22	Aide

La Barre Format

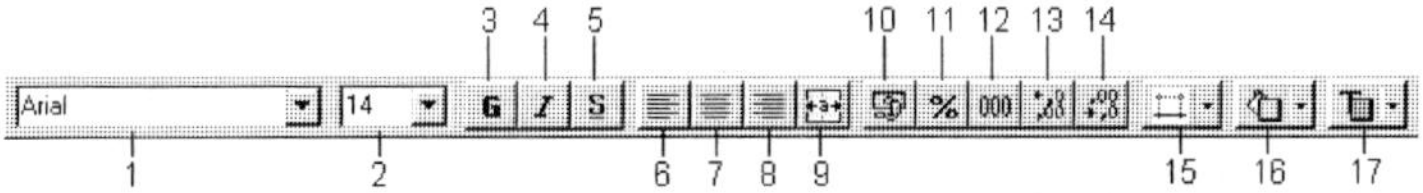

1	Liste des polices de caractères	10	Style monétaire
2	Liste des tailles de polices	11	Style pourcentage
3	Gras	12	Style milliers
4	Italique	13	Ajouter une décimale
5	Souligné	14	Supprimer une décimale
6	Aligner à gauche	15	Liste des bordures
7	Centrer	16	Liste des couleurs
8	Aligner à droite	17	Liste des couleurs de police
9	Centrer sur plusieurs colonnes		

La Barre Graphique

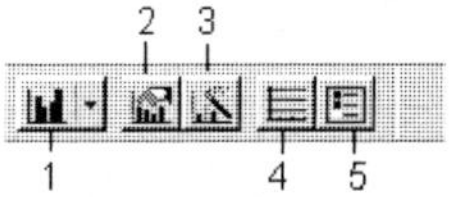

1	Liste des types de graphiques	4	Quadrillage horizontal
2	Graphique par défaut	5	Légende
3	Assistant Graphique		

La Barre Dessin

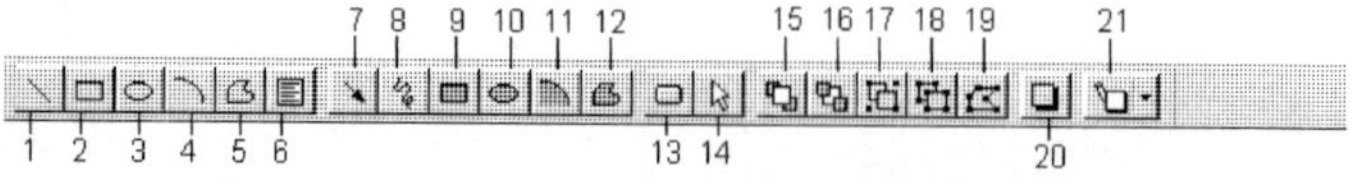

1 Trait
2 Rectangle
3 Ellipse
4 Arc
5 Forme libre
6 Zone de texte
7 Flèche
8 Dessin à main levée
9 Rectangle plein
10 Ellipse pleine
11 Arc plein
12 Forme libre pleine
13 Créer un bouton
14 Sélectionner les objets dessinés
15 Premier plan
16 Arrière-plan
17 Grouper les objets
18 Dissocier le groupe d'objets
19 Remodeler
20 Cadre ombré
21 Liste des motifs

La Barre Dialogue

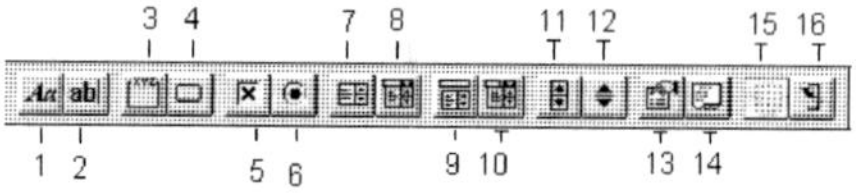

1 Etiquette
2 Zone de modification
3 Zone de groupe
4 Créer un bouton
5 Case à cocher
6 Case d'option
7 Zone de liste
8 Zone combinée déroulante
9 Zone combinée modifiable
10 Zone combinée déroulante modifiable
11 Barre de défilement
12 Compteur
13 Propriétés du contrôle
14 Modifier le code
15 Afficher ou masquer la grille
16 Exécuter la boîte de dialogue

La Barre Visual Basic

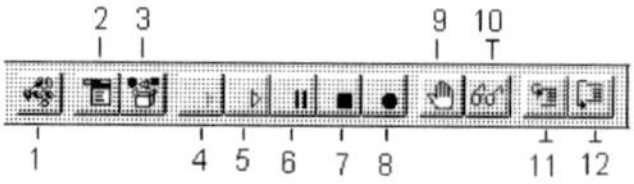

1 Insérer un module
2 Editeur de menus
3 Explorateur d'objets
4 Exécuter la macro
5 Pas à pas
6 Continuer
7 Arrêter la macro
8 Enregistrer une macro
9 Basculer le point d'arrêt
10 Information immédiate
11 Pas à pas détaillé
12 Pas à pas principal

La Barre Audit

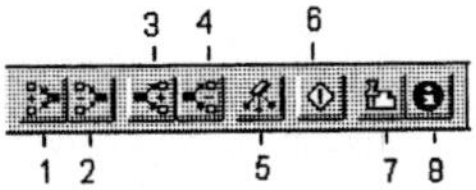

1	Repérer les antécédents	5	Supprimer toutes les flèches
2	Supprimer les flèches des antécédents	6	Repérer une erreur
3	Repérer les dépendants	7	Ajouter une annotation
4	Supprimer les flèches des dépendants	8	Afficher la fenêtre Info

La Barre Groupe de travail

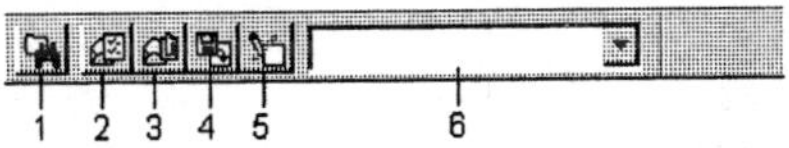

1	Chercher un fichier	4	Mise à jour du fichier
2	Routage	5	Attributs du fichier
3	Envoyer un message	6	Scénarios

La Barre Microsoft

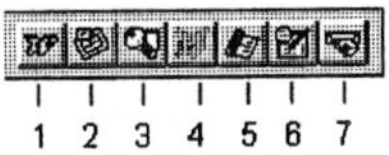

1	Microsoft Word	5	Microsoft Project
2	Microsoft PowerPoint	6	Microsoft Schedule+
3	Microsoft Access	7	Microsoft Mail
4	Microsoft FoxPro		

Barre Tableau croisé dynamique

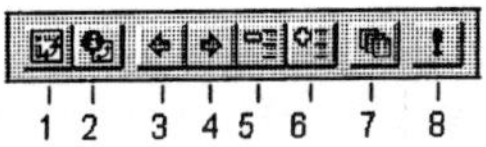

1	Assistant Tableau croisé dynamique	5	Masquer le détail
2	Champ dynamique	6	Afficher le détail
3	Dissocier le groupe	7	Afficher les pages
4	Grouper	8	Actualiser les données

FONCTIONS FINANCIÈRES

Ct	*coût initial du bien*
VR	*valeur du bien au terme de l'amortissement*
D	*nombre de périodes au cours desquelles le bien est amorti*
Va	*valeur actuelle du total des paiements futurs*
Vc	*valeur futur, c'est-à-dire un montant que vous souhaitez obtenir après le dernier paiement. S'il est omis, il est égal à zéro.*
Type	*indique quand les paiements sont échus. Si 0 (ou omis), les paiements sont échus en fin de période. Si 1, les paiements sont échus en début de période.*
Tx	*taux d'intérêt par période*
Npm	*nombre total des périodes de paiement d'une annuité*
Vpm	*montant du remboursement pour chaque période*
P	*période pour laquelle vous voulez calculer l'amortissement. Cet argument doit utiliser la même unité que "durée"*
AMORLIN(Ct;VR;D)	Amortissement linéaire d'un bien.
DB(Ct;VR;D;P)	Dépréciation d'un amortissement (méthode américaine à taux fixe).
DDB(Ct;VR;D;P;)	Amortissement d'un bien (méthode américaine de l'amortissement décroissant à taux double)
INTPER(Tx;P;npm;va)	Calcule le montant des intérêts d'un investissement pour une période donnée.
NPM(Tx;vp;va)	Nombre de paiements pour un investissement.
PRINCPER(Tx;npm)	Part de remboursement du principal d'un investissement
SYD(Ct;VR;D;P)	Amortissement d'un bien (méthode "sum-of-years digits").
TAUX(npm;vpm;va)	Taux d'intérêt d'un investissement donné.
TRI(V)	Taux de rentabilité interne, sans tenir compte des coûts de financement et des plus-values de réinvestissement.
TRIM(Tx_emp;Tx_plac)	Taux de rentabilité interne (flux financiers positifs et négatifs à des taux différents).
VA(Tx;npm;vpm)	Valeur actuelle d'un investissement
VAN(Tx;valeur1*;valeur2...*)	Valeur actuelle nette d'un investissement (flux financiers non constants*)*
VC(Tx;npm;vpm)	Valeur future d'un investissement.
VDB(Ct;VR;D;P-début;P_fin*)*	Amortissement d'un bien (méthode américaine dite " declining balance method").
VPM(Tx;npm)	Montant total de chaque remboursement (remboursements et taux d'intérêt constants).

FONCTION DE DATE ET HEURE

NoSé	*numéro de série*
Nb	*nombre*

Les chiffres situés à gauche d'un numéro de série représentent les dates et ceux situés à droite l'heure. Les numéros de série des dates sont compris entre 1 et 65380 qui représentent le 1er janvier 1900 et le 31 décembre 2078.

ANNEE(NoSé)	Convertit un numéro de série en année.
AUJOURDHUI()	Numéro de série de la date du jour.
DATE(année;mois;jour)	Convertit la date en un numéro de série.
DATEVAL(date_texte)	Numérp de série d'une date entrée sous forme de texte.
HEURE(NoSé)	Convertit un numéro de série en heure.
JOUR(NoSé)	Convertit un numéro de série en jour.
JOUR360(date_début;date_fin; méthode)	Nb de jours entre deux dates (année de 360 jours).
JOURSEM(NoSé;type_retour)	Convertit un numéro de série en jour de la semaine.
MAINTENANT()	Convertit la date et l'heure en cours en numéro de série.
MINUTE(NoSé)	Convertit un numéro de série en minute.
MOIS(NoSé)	Convertit un numéro de série en mois.
SECONDE(NoSé)	Convertit un numéro de série en seconde.
TEMPS(h;mn;sec)	NoSé du temps précisé en heure, minute, seconde.
TEMPSVAL(heure_texte)	Numéro de série d'une heure entrée sous forme de texte.

FONCTIONS MATHÉMATIQUES ET TRIGONOMÉTRIQUES

ABS(Nb)	Valeur absolue du nombre.
ACOS(Nb)	Arccosinus de nombre.
ACOSH(Nb)	Cosinus hyperbolique inverse d'un nombre.
ALEA()	Génère un nombre au hasard (entre 0 et 1).
ARRONDI(Nb;Nb_de_chiffres)	Arrondit Nb au Nb de chiffres précisé.
ARRONDI.INF(Nb;nb_chiffres)	Arrondit un Nb, en tendant vers zéro, à la valeur entière immédiatement inférieure à nb_chif (si ce dernier est positif).
ARRONDI.SUP(Nb;nb_chiffres)	Arrondit un Nb, en s'éloignant de zéro, à la valeur entière immédiatement supérieure à nb-chiffres (si ce dernier est positif).
ASIN(Nb)	Arcsinus de nombre.
ASINH(Nb)	Sinus hyperbolique inverse d'un nombre.
ATAN(Nb)	Arctangente de nombre.
ATAN2(nb_x;nb_y)	Arctangente des coordonnées x et y.
ATANH(Nb)	Tangente hyperbolique inverse d'un nombre.
COMBIN(Nb-él.;nb_él._choisis)	Nombre de combinaisons que l'on peut former avec un nombre d'éléments à partir d'un nombre d'él. choisis.
COS(Nb)	Cosinus d'un nombre.
COSH(Nb)	Cosinus hyperbolique d'un nombre.
DEGRES(angle)	Convertit des radians en degrés.
DETERMAT(matr)	Déterminant de la matrice.
ENT(nb)	Arrondit un nombre à l'entier immédiatement inférieur.

EXP(Nb)	e(2,718...) à la puissance nombre.
FACT(Nb)	Factorielle d'un nombre.
IMPAIR(Nb)	Arrondit au nombre entier impair de valeur absolue immédiatement supérieure.
INVERSEMAT(matr)	Inverse de la matrice.
LN(Nb)	Logarithme népérien de nombre.
LOG(Nb;base)	Logarithme du nombre en base "base".
LOG10(Nb)	Logarithme du nombre en base 10.
MOD(Nb;diviseur)	Reste de la division du nombre par le diviseur.
NB.SI(plage;critère)	Nombre de cellules non vides répondant à un critère dans une plage.
NB.VIDE(plage)	Nombre de cellules vides dans une plage.
PAIR(Nb)	Arrondit au nombre entier pair le plus proche en s'éloignant de zéro.
PI()	Valeur de π (précision de 15 décimales).
PLAFOND(Nb;précision)	Arrondit un nombre à l'entier ou au multiple le plus proche de l'argument précision en s'éloignant de zéro.
PLANCHER(Nb;précision)	Arrondit un nombre à l'entier ou au multiple le plus proche de l'argument précision en tendant vers zéro.
PRODUIT(Nb1;Nb2;...)	Produit des nombres.
PRODUITMAT(matr1;matr2)	Produit de deux matrices.
PUISSANCE(Nb;puissance)	Valeur d'un nombre élevé à une puissance.
RACINE(Nb)	Racine carrée du nombre.
RADIANS(angle)	Convertit des degrés en radians.
ROMAIN(Nb;type)	Convertit un chiff. arabe (Nb) en chiff. romain (texte).
SIGNE(Nb)	Signe du nombre.
SIN(Nb)	Sinus du nombre.
SINH(Nb)	Sinus hyperbolique d'un nombre.
SOMME(Nb1;Nb2;...)	Somme des arguments.
SOMME.CARRES(Nb1;Nb2;...)	Somme des carrés des arguments.
SOMME.SI(plage;critère; somme-plage)	Additionne les cellules spécifiées répondant à un certain critère.
SOMME.X2MY2(matr_x;matr_y)	Somme de la différence des carrés des deux matrices.
SOMME.X2PY2(matr_x;matr_y)	Somme de la somme des carrés des deux matrices.
SOMME.XMY2(matr-x;matr_y)	Somme des carrés des différences entre deux matrices.
SOMMEPROD(matr1;matr2;...)	Somme des produits des éléments de matr.escorrespondants.
SOUS.TOTAL(no_fonction;réf1;...)	Sous-total dans une liste ou une base de données. Calcule les sous-totaux de la fonction pour la plage (réf1).
TAN(Nb)	Tangente d'un nombre.
TANH(Nb)	Tangente hyperbolique d'un nombre.
TRONQUE(Nb;nb_chiffres)	Partie entière d'un nombre.

FONCTIONS STATISTIQUES

BETA.INVERSE(probab;alpha; bêta;A;B)	Pour une probabilité donnée :valeur d'une variable aléatoire suivant une loi Bêta.
CENTILE(matr;k)	k-ième centile des valeurs d'une plage.

CENTREE.REDUITE (x;espérance;éc_ty)	Valeur centrée réduite.
COEFFICIENT.ASYMETRIE (Nb1;Nb2;...)	Asymétrie d'une distribution.
COEFFICIENT.CORRELATION (matr1;matr2)	Coefficient de corrélation entre 2 séries de données.
COEFFICIENT.DETERMINATINON (y_connu;x_connu)	Valeur du coefficient de détermination R^2 d'une régression linéaire.
COVARIANCE(matr1;matr2)	Moyenne des produits de deux variables centrées sur leurs espérances mathématiques.
CRITERE.LOI.BINOMIALE (tirages;prob_succès;alpha)	Plus petite valeur pour laquelle la distribution binomiale cumulée est > ou = à une valeur critère.
CROISSANCE(y_connus; x_connus;x_nouv;const)	Valeurs de y en fonction d'une courbe exponentielle.
DROITEREG(y_connus; x_connus;const;stat)	Paramètres d'une droite de régression.
ECART.MOYEN(Nb1;Nb2;...)	Moyenne des écarts absolus des observations par rapport à leur moyenne arithmétique.
ECARTYPE(Nb1;Nb2;...)	Ecart type d'une population (échantillon représentatif).
ECARTYPEP(Nb1;Nb2;...)	Ecart type de la population (population entière).
ERREUR.TYPE.XY (y_connus;x_connus)	Erreur type de la valeur y pour chaque x de la régression.
FISHER(x)	Transformation de Fisher.
FISHER.INVERSE(y)	Transformation de Fisher inverse.
FREQUENCE(tab_données; matr_intervalle)	Distribution fréquentielle sous forme de matrice verticale.
GRANDE.VALEUR(matr;k)	k-ième plus grande valeur d'une série de données.
INTERVALLE.CONFIANCE (alpha;éc_ty;taille)	Intervalle de confiance pour la moyenne d'une population.
INVERSE.LOI.F(prob; degrés_liberté1; degrés_liberté2)	Valeur d'une variable aléatoire suivant une loi F pour une probabilité donnée.
KHIDEUX.INVERSE(prob; degrés_liberté)	Valeur d'une variable aléatoire suivant une loi du Khi-Deux pour une probabilité unilatérale donnée.
KURTOSIS(Nb1;Nb2;...)	Kurtosis d'une série de données.
LNGAMMA(x)	Logarithme népérien de la fonction Gamma.
LOGREG(y_connus;x_connus; const;stat)	Paramètres d'une tendance exponentielle.
LOI.BETA(x;alpha;bêta;A;B)	Probabilité d'une variable aléatoire continue suivant une loi de probabilité Bêta.
LOI.BINOMIALE(Nb-succès;tir; prob_succès;cumul)	Probabilité d'une variable aléatoire discrète (loi binomiale).
LOI.BINOMIALE.NEG(Nb_échecs; Nb_succès;prob_succès)	Probabilité d'une variable aléatoire discrète suivant une loi binomiale négative.
LOI.EXPONENTIELLE(x;lambda; cumulative)	Probabilité d'une variable aléatoire continue suivant une loi exponentielle.
LOI.F(x;degrés_liberté1; degrés_liberté2)	Probabilité d'une variable aléatoire suivant une loi F.
LOI.GAMMA(x;alpha;bêta; cumulative)	Probabilité d'une variable aléatoire selon une loi Gamma.

LOI.GAMMA.INVERSE(prob;alpha;bêta)	Valeur d'une variable aléatoire suivant une loi Gamma, pour une probabilité donnée.
LOI.HYPERGEOMETRIQUE (succès_échant;Nb_échantillon;...)	Probabilité d'une variable aléatoire discrète suivant une loi hypergéométrique.
LOI.KHIDEUX(x;degrés_liberté)	Probabilité d'une variable aléatoire continue suivant une loi unilatérale du Khi-deux.
LOI.LOGNORMALE (x;espérance;éc_ty)	Probabilité d'une variable aléatoire continue suivant une loi logique normale.
LOI.LOGNORMALE.INVERSE (prob;espérance;éc_ty)	Valeur d'une variable aléatoire suivant une loi lognormale, pour une probabilité donnée.
LOI.NORMALE(x;espérance;éc_ty;cumulative)	Probabilité d'une variable aléatoire continue suivant une loi normale.
LOI.NORMALE.INVERSE (prob;espérance;éc_ty)	Valeur d'une variable aléatoire suivant une loi normale, pour une probabilité donnée.
LOI.NORMALE.STANDARD(Z)	Probabilité d'une variable aléatoire continue suivant une loi normale standard (ou centrée réduite).
LOI.NORMALE.STANDARD.INVERSE(prob)	Valeur d'une variable aléatoire suivant une loi normale standard (ou centrée réduite), pour une probabilité donnée.
LOI.POISSON(x;espérance;cumulative)	Probabilité d'une variable aléatoire (loi de Poisson.)
LOI.STUDENT(x;degrés_liberté;uni/bilatéral)	Probabilité d'une variable aléatoire (loi T de Student).
LOI.STUDENT.INVERSE(prob;degrés_liberté)	Valeur d'une variable aléatoire loi T de Student, pour une probabilité donnée.
LOI.WEIBULL(x;alpha;bêta;cumulative)	Probabilité d'une variable aléatoire (loi de Weibull.)
MAX(Nb1;Nb2;...)	Valeur maximale de la liste des arguments.
MEDIANE(Nb1;Nb2;...)	Valeur médiane des nombres.
MIN(Nb1;Nb2;...)	Valeur minimale de la liste des arguments.
MODE(Nb1;Nb2;...)	Valeur la plus fréquente d'une série de donnée.
MOYENNE(Nb1;Nb2;...)	Moyenne des nombres.
MOYENNE.GEOMETRIQUE (Nb1;Nb2;...)	Moyenne géométrique.
MOYENNE.HARMONIQUE (Nb1;Nb2;...)	Moyenne harmonique.
MOYENNE.REDUITE (matr;pourcentage)	Moyenne de l'intérieur d'une série de données.
NB(val1;val2;...)	Détermine combien de nombres sont compris dans la liste des valeurs.
NBVAL(val1;val2;...)	Détermine combien de valeurs sont comprises dans la liste des valeurs.
ORDONNEE.ORIGINE (y_connus;x_connus)	Ordonnée à l'origine de la droite de régression linéaire.
PEARSON(matr1;matr2)	Renvoie le coeff. de corrél. d'échantillonnage de Pearson.
PENTE(y_connus;x_connus)	Pente d'une droite de régression linéaire.
PERMUTATION(Nb;Nb_choisi)	Nombre de permutations pour un nombre donné d'objets.
PETITE.VALEUR(matr;k)	k-ième plus petite valeur d'une série de données.
PREVISION(x;y_connus;x_connus)	Valeur suivant une tendance linéaire.

PROBABILITE(plage_x; plage_prob;lim_inf;lim_sup)	Probabilité que des valeurs d'une plage soient comprises entre deux limites.
QUARTILE(matr;quart)	Quartile d'une série de données.
RANG(Nb;réf;ordre)	Rang d'un nombre dans une liste d'arguments.
RANG.POURCENTAGE (matr;x;précision)	Rang en % d'une valeur d'une série de données.
SOMME.CARRES.ECARTS (Nb1;Nb2;...)	Somme des carrés des écarts.
TENDANCE(y_connus;x_connus; x_nouv;const)	Calcule les valeurs par rapport à une tendance linéaire.
TEST.F(matr1;matr2)	Résultat d'un test F.
TEST.KHIDEUX(plage_réelle; plage_attendue)	Test d'indépendance.
TEST.STUDENT(matr1;matr2; uni/bilatéral;type)	Probabilité associée à un test T de Student.
TEST.Z(matr;x;sigma)	Valeur bilatérale P du test Z.
VAR(Nb1;Nb2;...)	Variance d'une population (à partir d'un échantillon).
VAR.P(Nb1;Nb2;...)	Variance d'une population (population entière).

FONCTIONS DE RECHERCHE ET DE MATRICES

ADRESSE(no_lig; no_col;no_abs;al;feuille_texte)	Référence (texte) d'une cellule unique dans une feuille de calculs.
CHOISIR(index;val1;val2;...)	Utilise le nombre index pour sélectionner une valeur dans les arguments valeurs.
COLONNE(réf)	Numéro de colonne d'une référence.
COLONNES(tableau)	Nombre de colonnes d'une référence.
DECALER(réf;lig;col;haut;larg)	Référence décalée par rapport à une référence donnée.
EQUIV(val_cherchée; tab_recherche;type)	Recherche des valeurs dans une réf. ou une matrice.
INDEX(...)	Utilise des coordonnées pour trouver une valeur à l'intérieur d'un tableau.
INDIRECT(réf_texte;a1)	Référence indiquée par une valeur de texte.
LIGNE(réf)	Numéro de ligne de référence.
LIGNES(réf)	Nombre de lignes d'une référence ou d'une matrice.
RECHERCHE(...)	Cherche une valeur dans un vecteur ou dans un tableau.
RECHERCHEH(val_cherchée;tab; no_index_lig;val_proche)	Cherche dans la première ligne d'un tableau et se déplace verticalement pour renvoyer la valeur d'une cellule.
RECHERCHEV(val_cherchée; table_matr;no_index_col;...)	Cherche dans la première col. d'un tableau et se déplace horizontalement pour renvoyer la valeur d'une cellule.
TRANSPOSE(tab)	Transposée du tableau.
ZONES(réf)	Nombre de zones contenues dans référence.

FONCTIONS DE BASES DE DONNÉES

BDECARTYPE (base_de_données;champ;critères)	Ecart type d'un échantillon de la population extrait d'un champ de la base_de_données selon des critères définis.
BDECARTYPEP (base_de_données;champ;critères)	Ecart de l'ensemble de la population extrait d'un champ de la base_de_données en fonction des critères définis.
BDLIRE(base_de_données; champ;critères)	Extraction de la base de données de la fiche qui correspond aux critères spécifiés.
BDMAX(base_de_données; champ;critères)	Valeur maximale dans un champ de la base_de_données correspondant aux critères.
BDMIN(base_de_données; champ;critères)	Valeur minimale dans un champ de la base_de_données correspondant aux critères.
BDMOYENNE(base_de_données champ;critères)	Moyenne des valeurs dans un champ de la base_de_ données correspondant aux critères.
BDNB(base_de_données; champ;critères)	Nombre de cell. contenant des valeurs numériques dans un champ de la base_de_données correspondant aux critères.
BDNBVAL(base_de_données; champ;critères)	Nombre de cellules non vides dans un champ de la base de_données correspondant aux critères.
BDPRODUIT(base_de_données; champ;critères)	Produit des valeurs d'un champ de la base_de_données correspondant aux critères.
BDSOMME(base_de_données; champ;critères)	Somme des valeurs d'un champ de la base_de_données correspondant aux critères.
BDVAR(base_de_données; champ;critères)	Variance d'un échantillon de la pop. extrait d'un champ de la base_de_données en fonction des critères définis.
BDVARP(base_de_données; champ;critères)	Variance de l'ensemble de la pop. extrait d'un champ de la base_de_données en fonction de critères définis.

FONCTIONS DE TEXTE

CAR(Nb)	Caractère ASCII correspondant à un nombre.
CHERCHE(texte_cherché; texte;no_départ)	Recherche un texte dans un texte donné (pas de distinction entre majuscules et minuscules).
CNUM(Texte)	Convertit un argument texte en nombre.
CODE(texte)	Code ASCII du premier caractère du texte.
CONCATENER(texte1;texte2;...)	Forme une chaîne de caractères à partir de plusieurs.
CTXT(Nb;décimales; no_séparateur)	Convertit un nb en texte avec le nb de décimales indiqué.
DROITE(texte;no_caractères)	Caractères à l'extrême droite d'une valeur de texte.
EPURAGE(texte)	Supprime les caractères de contrôle de texte.
EXACT(texte1;texte2)	Vérifie que texte1 et texte2 sont identiques.
FRANC(nombre;décimales)	Convertit un nombre en texte avec le format monétaire.
GAUCHE(texte;no_caractères)	Caractères à l'extrême gauche d'une valeur de texte.
MAJUSCULE(texte)	Ecrit texte en lettres majuscules.
MINUSCULE(texte)	Ecrit texte en lettres minuscules.
NBCAR(texte)	Nombre de caractères de texte.
NOMPROPRE(texte)	Met en majuscule la première lettre de chaque mot.
REMPLACER(ancien_texte; no_départ;no_car;nouveau_texte)	Remplace no_car de l'ancien_texte par le nouveau_texte.

REPT(texte;no_fois)	Répète le texte le no_fois indiqué.
STXT(texte;no_départ;no_car)	Extrait le no_car indiqué de texte.
SUBSTITUE(texte;anc_texte; nouv_texte;no_position)	Substitue le nouveau_texte à l'ancien_texte à la position indiquée dans le texte.
SUPPRESPACE(texte)	Supprime les espaces de texte.
T(valeur)	Traduit valeur en un texte.
TEXTE(valeur;format_texte)	Met les valeurs en texte selon le format_texte indiqué.
TROUVE(texte_cherché;texte; no_départ)	Cherche un texte dans un texte donné en tenant compte des caractères génériques (distinction entre maj. et min.).

FONCTIONS LOGIQUES

ET(val_logique1;val_logique2;...)	VRAI si tous les arguments ont la valeur logique VRAI, sinon renvoie FAUX
FAUX()	Valeur logique FAUX
NON(val_logique)	VRAI si la valeur logique est FAUX, FAUX si la valeur logique est VRAI
OU(val_logique1;val_logique2;...)	VRAI si une valeur quelconque de la liste d'arguments est VRAI, sinon donne FAUX
SI(expr_logique;val_si_vrai; val_si_faux)	Val_si_vrai si l'expression logique a pour résultatVRAI; val_si_faux si l'expression logique a pour résultat FAUX
VRAI()	Valeur logique VRAI

FONCTIONS D'INFORMATION

CELLULE(type_info;référence)	Informations sur le format, l'emplacement ou le contenu de référence.
ESTERR(valeur)	VRAI si valeur est une valeur d'erreur sauf #N/A.
ESTERREUR(valeur)	VRAI si valeur est une valeur d'erreur.
ESTLOGIQUE(valeur)	VRAI si valeur est une valeur logique.
ESTNA(valeur)	VRAI si valeur est la valeur d'erreur #N/A.
ESTNONTEXTE(valeur)	VRAI si valeur n'est pas un texte.
ESTNUM(valeur)	VRAI si valeur est un nombre.
ESTREF(valeur)	VRAI si valeur est une référence.
ESTTEXTE(valeur)	VRAI si valeur est du texte.
ESTVIDE(valeur)	VRAI si valeur ne contient rien (cellule vide).
INFO(no_type)	Informations sur l'environnement d'exploitation en cours.
N(valeur)	Traduit valeur en un nombre.
NA()	Symbole d'erreur #N/A.
TYPE(valeur)	Nombre indiquant le type de données d'une valeur.
TYPE.ERREUR(valeur)	Numéro qui correspond à un type d'erreur.

D

E

F

TITRE

TRI

V

VALEUR NUMÉRIQUE

VUE/RAPPORT

Z

ZOOM